INSTITUTO PHORTE EDUCAÇÃO
PHORTE EDITORA

Diretor-Presidente
Fabio Mazzonetto

Diretora Financeira
Vânia M. V. Mazzonetto

Editor-Executivo
Fabio Mazzonetto

Diretora Administrativa
Elizabeth Toscanelli

Conselho Editorial
Francisco Navarro
José Irineu Gorla
Marcos Neira
Neli Garcia
Reury Frank Bacurau
Roberto Simão

Mostra
Sconfinamenti
Atravessando fronteiras

Sconfinamenti
Incontri con soggetti viventi
Paesaggi digitali

© 2019 Scuole e Nidi d'Infanzia
Istituzione del Comune di Reggio Emilia
e Reggio Children

Mostra Sconfinamenti – Atravessando fronteiras
Encontros com sujeitos vivos
Paisagens digitais

Copyright © 2020 by Phorte Editora

Rua Rui Barbosa, 408
Bela Vista – São Paulo – SP
CEP 01326-010
Tel.: (11) 3141-1033
Site: www.phorte.com.br
E-mail: phorte@phorte.com.br

Nenhuma parte deste livro pode ser reproduzida ou transmitida de qualquer forma, sem autorização prévia por escrito da Phorte Editora.

CIP-BRASIL. CATALOGAÇÃO-NA-FONTE
SINDICATO NACIONAL DOS EDITORES DE LIVROS, RJ

C464m

    Children, Reggio
       Mostra Sconfinamenti – Atravessando fronteiras : encontros com sujeitos vivos / paisagens digitais / Reggio Children ; tradução Thais Helena Bonini ; revisão técnica Leticia Chaves Monteiro. - 1. ed. - São Paulo : Phorte, 2020.
       : il. ; 34 cm.

       Tradução de: Sconfinamenti : incontri con soggetti viventi / paesaggi digitali
       ISBN 978-65-990174-0-7

       1. Tecnologia educacional. 2. Educação - Inovações tecnológicas. 3. Comunicação na educação. 4. Mídia digital. I. Bonini, Thais Helena. II. Monteiro, Leticia Chaves. III. Título.

20-62804   CDD: 371.334
              CDU: 37.016:316.774

Vanessa Mafra Xavier Salgado - Bibliotecária - CRB-7/6644
ph2469.1

Este livro foi avaliado e aprovado pelo Conselho Editorial da Phorte Editora.

Impresso no Brasil
Printed in Brazil

Reggio Children

Mostra
Sconfinamenti
Atravessando fronteiras

Encontros com sujeitos vivos
Paisagens digitais

Tradução: Thais Helena Bonini
Revisão técnica: Leticia Chaves Monteiro

São Paulo, 2020

A Mostra

Mostra-ateliê realizada por
Reggio Children
Creches e Escolas da Infância – Instituição do Município de Reggio Emilia

Em colaboração com
Fundação Reggio Children – Centro Loris Malaguzzi
Iren

Consultoria pedagógica para o projeto educativo e para a Mostra-ateliê
Paola Cagliari, Claudia Giudici

Coordenação do projeto educativo "Natureza e digital"
Simona Bonilauri, Maddalena Tedeschi

Com a colaboração de
Angela Barozzi, Elena Corte, Elena Giacopini, Daniela Lanzi,
Elena Maccaferri, Deanna Margini, Moira Nicolosi, Annalisa Rabotti,
Jovanka Rivi

Curadoria da Mostra
Vea Vecchi, Isabella Meninno

Com a colaboração de
Paola Barchi, Michela Bendotti, Loretta Bertani, Simona Bonilauri,
Lucia Colla, Francesca Manfredi, Maddalena Tedeschi, Barbara Quinti

Idealização e realização dos projetos didáticos
Meninas, meninos, pedagogistas, atelieristas, professores e
educadores das *creches municipais*: Alice, Genoeffa Cervi, Peter Pan,
Pablo Picasso, Gianni Rodari, *das escolas municipais da infância*:
Centro Internacional Loris Malaguzzi, Diana, Paulo Freire, Girotondo,
Gulliver, La Villetta, Bruno Munari, Pablo Neruda, Camillo Prampolini,
Robinson, e da *escola estatal de ensino fundamental*:
Centro Internacional Loris Malaguzzi

Coordenação e arquivamento de materiais
Simonetta Bottacini

Textos introdutórios
Simona Bonilauri, Paola Cagliari, Maddalena Tedeschi, Vea Vecchi

Projeto gráfico
Rolando Baldini, Mali Yea

Projeto de preparação do ambiente
Isabella Meninno

Direção de arte
Rolando Baldini

Revisão técnica
Leticia Chaves Monteiro

Coordenação e montagem de vídeo
Sara De Poi, Daniela Iotti

Organização e logística
Michela Bendotti

Colaboração técnica e informática
Ivan Paoli

Comunicação e imprensa
Serena Mallozzi, Francesca Severini

Agradecimentos
Marina Castagnetti, Federica Castrico, Marina Mori, Beatrice Pucci,
Roberta Pucci, Stefano Sturloni
Remida - Centro de Reciclagem Criativa

O catálogo

Organização de
Vea Vecchi, Simona Bonilauri,
Isabella Meninno, Maddalena Tedeschi

Em colaboração com
Paola Cagliari, Claudia Giudici

Contribuições de
Simona Bonilauri, Paola Cagliari,
Isabella Meninno, Maddalena Tedeschi,
Vea Vecchi

Textos
Professoras, atelieristas e pedagogistas das *creches municipais*: Alice, Genoeffa Cervi, Peter Pan, Pablo Picasso, Gianni Rodari, das *escolas municipais da infância*: Centro Internacional Loris Malaguzzi, Diana, Paulo Freire, Girotondo, Gulliver, La Villetta, Bruno Munari, Pablo Neruda, Camillo Prampolini, Robinson

Desenhos
Meninas e meninos de creches e escolas da infância do Município de Reggio Emilia

Fotografias
Professores e atelieristas de creches e escolas da infância do Município de Reggio Emilia
Atelieristas do Centro Internacional
Loris Malaguzzi

Coordenação editorial
Michela Bendotti

Direção de arte
Rolando Baldini

Projeto gráfico e diagramação
Mali Yea

Edição
Michela Bendotti

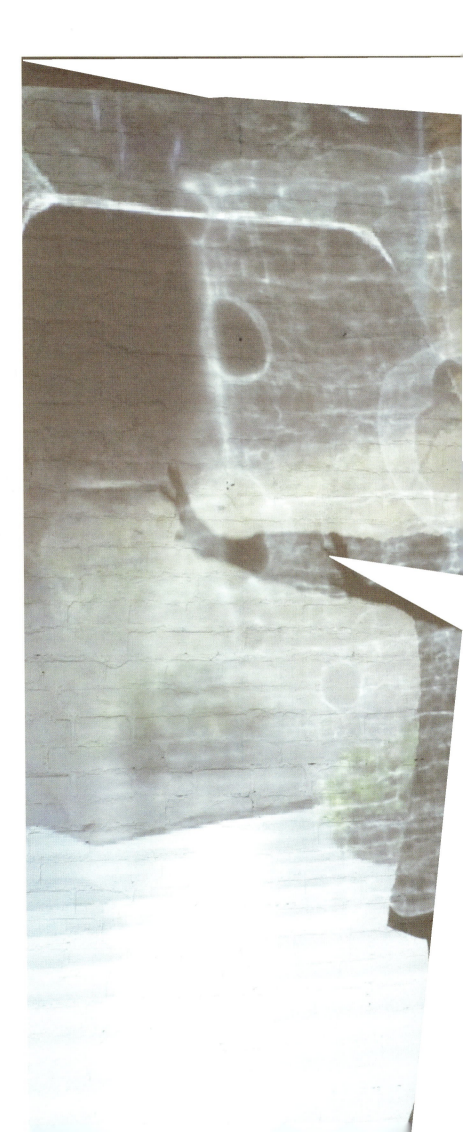

Sumário

Notas de pesquisa *Paola Cagliari*	10
Sconfinamenti *Simona Bonilauri e Maddalena Tedeschi*	14
Os pensamentos que sustentam o projeto expositivo *Isabella Meninno*	17

Encontros com sujeitos vivos – Mostra — 23

O otimismo das margaridas *Creche Gianni Rodari*	24
Passear com os caracóis *Creche Alice*	28
A forsítia vista pelo sol *Creche Peter Pan*	32
Luz de bosque *Creche Pablo Picasso*	36
Presentes para a árvore *Creche Genoeffa Cervi*	40
Efeito planta: da flor ao novo projeto de planta *Escola da Infância Bruno Munari*	44
Vida da hera: uma história para contar *Escola da Infância e de Ensino Fundamental no Centro Internacional Loris Malaguzzi*	48
Na pele das árvores *Escola da Infância Paulo Freire*	54
Trajetórias *Escola da Infância Girotondo*	58
Um lugar perfeito *Escola da Infância Gulliver*	64
Um pequeno ovo azul *Escola da Infância La Villetta*	70
O fosso é como um mundo *Escola da Infância Camillo Prampolini*	76
A terra *Escola da Infância Diana*	80
O falso mais verdadeiro do que o verdadeiro *Escola da Infância Pablo Neruda*	86
Plantas dançantes *Escola da Infância Robinson*	92
Os cadernos de estudo	99

Paisagens digitais – Ateliê — 103

Geografias *Isabella Meninno*	106
Um espaço que inclui	106
Os cenários e a microconstrutividade	110
O acervo de imagens	111
Mapear geografias	112
O microscópio e a natureza que cresce	114
O vídeo e o *stop motion*	116

Notas de pesquisa
Paola Cagliari

A escola das crianças de 0 a 6 anos não pode ser distante do conceito de vida delas.
Foi assim que, em 1984, ganhou vida a primeira pesquisa sobre o encontro entre crianças e computadores, no interior das escolas da infância[1] do Município de Reggio Emilia, na Itália, uma aventura proposta por Loris Malaguzzi, que, sempre atento aos fenômenos do mundo contemporâneo, decidiu que as escolas da infância não podiam permanecer indiferentes à difusão dos computadores pessoais nos escritórios e nas casas.

A tecnologia digital (computadores, impressoras, robôs-tartaruga[2]) foi introduzida nas escolas da infância, integrada às seções[3] e aos ateliês, em interação com as linguagens tradicionais, em um momento histórico em que as poucas escolas de ensino fundamental e médio e as universidades que se aproximavam desse tema confinavam os computadores (e, assim, por um longo tempo, até hoje, podemos dizer) em laboratórios, para serem usados de forma isolada, em horários específicos. Nas escolas da infância, buscou-se sempre construir com a tecnologia um contexto que permitisse às crianças trabalhar em pequenos grupos, em oposição às modalidades (e às preocupações predominantes) que queriam o usuário (adulto ou criança) somente em frente à tela. Nos anos 1990, foram introduzidos *scanners*, câmeras fotográficas, projetores de vídeo, estações duplas de computadores, que potencializaram e apoiaram com mais simplicidade e com uma abordagem mais intuitiva o trabalho colaborativo em grupos de crianças. De fato, esses equipamentos ampliaram e tornaram visíveis e compartilháveis no espaço os diálogos entre crianças e computadores, inaugurando a *imersão* que hoje predomina em todas as experiências. Tornaram, também, o computador menos "solitário e autossuficiente", aumentando as possibilidades de produzir interações e hibridização entre as linguagens, mudando a atenção das crianças (mas, sobretudo, dos adultos) da tela a outras relações possíveis. A orientação sempre foi fazer os equipamentos de informática dialogarem com todos os materiais normalmente colocados à disposição das crianças (por exemplo, o *scanner* com a argila, com o arame, com os materiais naturais etc.). As tecnologias digitais foram, então, sendo integradas com os espaços de vida e os contextos de aprendizagem das crianças, fazendo crescer percepções sensoriais, oferecendo novos instrumentos de indagação e potencializando as qualidades expressivas e estéticas das representações e das narrativas por meio das quais as crianças dão forma a seu conhecimento.
O longo percurso, que não está isento de dificuldades e de obstáculos, realizado de 1985 aos dias atuais, oferece-nos, ainda, estímulos importantes para pensarmos um ambiente aumentado a partir das tecnologias digitais.
Essas experimentações, cujos traços estão presentes na Mostra *Sconfinamenti*, oferecem-nos âmbitos de pesquisa abertos, que propomos como um campo de aprofundamento futuro, e que encontram representações no vídeo *Notas de pesquisa*, que abre a Mostra.

Os desafios da programação e dos seus códigos

Gostaria de introduzir este aspecto propondo aos leitores a breve história[4] da primeira experimentação com o computador, experiência da qual fui protagonista junto com outras três professoras. O computador escolhido para a experimentação, em 1984, um Apple, era um objeto bastante volumoso em relação aos dispositivos atuais, mas minúsculo, se comparado aos equipamentos que, até poucos anos antes, haviam preenchido enormes salas nos Ministérios e nas grandes empresas. Certamente, não era um objeto cativante, mas as crianças imaginavam e ansiavam por grandes experiências. Na realidade, o monitor propunha, em um campo verde, um pequeno triângulo, chamado "tartaruga", que, movendo-se na tela, deixava um traço preto e desenhava formas. Para "falar" com a tartaruga, tínhamos adotado uma forma simplificada da Logo, uma linguagem de programação idealizada por Seymour Papert, que ainda é a estrutura fundamental de todos os programas que são utilizados para aproximar as crianças da codificação. Para mover a tartaruga, era necessária uma grande precisão sintática: uma

---

[1] N. da T.: escola de educação infantil para crianças de 3 a 6 anos. Na tradução, optou-se por manter a terminologia, e não por adaptá-la ao equivalente no Brasil, por ser utilizada apenas para as escolas de Reggio Emilia, não correspondendo ao utilizado no restante da Itália.
[2] Robô em formato de tartaruga criado nos anos 1960, capaz de se mover sobre uma superfície plana, mediante comandos transmitidos em linguagem Logo, por meio de um teclado.
[3] N. da T.: denominação usada nas escolas de educação infantil do Município de Reggio Emilia para o espaço de referência, a classe.

[4] IMMOVILLI, G. Quando due intelligenze si incontrano – I parte. *Bambini*, n. 11, p. 22-8, nov. 1985. CASTAGNETTI, M. Quando due intelligenze si incontrano – II parte. *Bambini*, n. 12, p. 76-80, dic. 1985. GIACOPINI, E. Quando due intelligenze si incontrano – III parte. *Bambini*, n. 1, p. 82-7, genn. 1986. CAGLIARI, P. Quando due intelligenze si incontrano – IV parte. *Bambini*, n. 3, p. 71-5, mar. 1986.

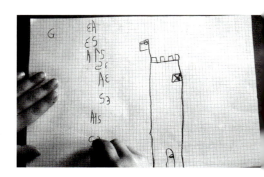

sequência de caracteres composta pela letra inicial do comando (Frente, Trás, Esquerda, Direita) – espaço – número – voltar. Se a sequência não fosse respeitada, era impossível estabelecer a comunicação. A tartaruga aprendia com as crianças: se elas davam um nome para uma sequência de comandos, ao reescrever aquele nome, a tartaruga refazia o mesmo desenho, sempre igual, mas a partir da posição ocupada naquele momento, então, nem sempre fazia o que as crianças esperavam.
Inicialmente, não encontrar um *videogame* (ainda que rudimentar, se comparado a hoje) decepcionou o pequeno grupo de três crianças, mas, depois, o desafio foi superado, e o resultado de oito manhãs de trabalho foi o traçado de um castelo com muitas bandeiras. Um castelo feio, em comparação com os desenhados, pintados, construídos na seção com as tecnologias tradicionais (papel, canetinhas, guache, aquarelas, construções de madeira, materiais reutilizáveis etc.).

Mas, então, por que propor às crianças essa experiência? Porque o que era relevante não era o produto final (ainda que a estética seja uma qualidade essencial dos processos de aprendizagem), mas, sim, que a tartaruga aprendesse a fazer o castelo "sozinha". Bastava escrever "castelo", e ela o desenhava, sem ações posteriores por parte das crianças. Havia sido *programada*. Então, as crianças aprenderam um novo código/linguagem, necessário para dialogar naquele ambiente.
Estruturaram um processo lógico de programação.
Experimentam uma ação mediada por instrumentos: o teclado, o monitor.
Elaboraram teorias desmistificadoras e profundamente filosóficas sobre o computador: "*É inteligente, mas só um pouco. Pega a inteligência da gente*".
Passaram por problemas de direção e de orientação, comprimento e dimensões do espaço tridimensional e horizontal em que se moviam ao espaço bidimensional e vertical da tela.
Tiveram que elaborar a ideia de ponto de vista e superar os conceitos de direita, esquerda, frente e trás em uma tartaruga posicionada na tela de maneira variada.
As crianças, após experimentarem a necessidade de enfrentar muitos problemas ligados ao ângulo de direção, escreveram nas suas mãos um D e um E. Alan, em certo ponto, com a tartaruga de cabeça para baixo (virtualmente de frente para ele), cruzou as mãos para mudar a sua posição e orientá-las como a tartaruga, identificando, assim, o comando certo para mandar a tartaruga para a direção desejada.

Processos importantes, difíceis, enfrentados no grupo de três crianças por meio de discussões acaloradas, negociações, tentativas e erros, trocas, com a força de mentes orientadas para o mesmo objetivo.
Portanto, um novo instrumento tinha-nos permitido enfrentar problemas até aquele momento impensáveis para crianças de 5-6 anos. Confirmando, mais uma vez, para mim, jovem professora, as potencialidades não expressas das crianças e a importância, como sempre nos sugeria Malaguzzi, de confiar nelas.
Na Mostra, foram expostas, também, outras duas passagens sobre a programação feita nos anos 1990 e 2000, ligadas a experiências com a robótica e os sensores. Os robôs em movimento no espaço e comandados remotamente pelo computador, em diálogo com o ambiente, por meio de sensores de contato e de temperatura, acrescentam à experiência com a tartaruga uma dimensão de relação afetiva e de cuidado. Construir uma nova vida para um galho despedaçado pela neve, criando um *habitat* feito por habitantes amigos, disponíveis para colaborar com a ativação de estratégias para protegê-lo dos agentes atmosféricos (por exemplo, o calor escaldante dos raios do sol), projetar um robô que leva pão para os passarinhos que moram em um galho, são alguns dos contextos imaginados pelas crianças. Uma transferência de sentimentos e de emoções dos seres vivos para sujeitos robóticos, que pensamos ser uma atitude que é o fundamento da sensibilidade ecológica para a vida e as relações.

As crianças dizem:
"*Eu acho que, se usarmos os sensores dos robôs, depois, vira um galho eletrônico.*" Luca
"*Pode virar um galho com uma vida de robô.*" Anna C.
"*É uma vida falsa?*" Giulia
"*É uma vida especial! Porque é diferente da nossa, pode ser uma vida selecionada.*" Francesco
Nenhuma nova experiência é, para as crianças, separada da vida e das perguntas que fazem em busca de sentido. O importante é que nós, adultos, não nos esqueçamos de que, com frequência, pensamos que a programação e os seus códigos são uma questão somente técnica, lógica e compucional.
Nesse entrelaçamento de filosofia, humanidade, relação e linguagens, construído em conjunto por adultos e crianças, estas puderam explorar, em sentido metacognitivo, o próprio conhecimento, encontrando formas de conhecimento e a linguagem do "outro", isto é, do robô. Puderam explorar, mediante um procedimento de tentativas, erros e comparações, a relatividade dos conceitos de espaço, de medida, de velocidade.

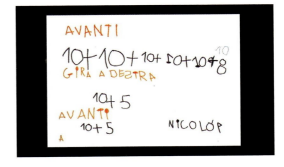

Notas de pesquisa

Projetaram, de forma verbal e ilustrativa, as relações e as histórias, ativando uma capacidade de previsão, verificada nas ações dos robôs.

Não acreditamos que as crianças devam se tornar programadores de inteligência artificial, mas a programação é, ainda que na peculiaridade do contexto, uma possibilidade extraordinária de aprendizagem e de investigação.

Diálogos e hibridizações entre átomos e *bits*

Nos anos 1990, com a disponibilidade de dispositivos periféricos[5] de entrada e de saída a baixo custo, estenderam-se as capacidades dialógicas, de elaboração e criativas entre o computador e as crianças. Todos os dias, as crianças procuram dar forma às suas ideias, fazer representações do mundo, buscam formas e instrumentos capazes de guardar e comunicar pensamentos e experiências. Os *scanners* e as câmeras fotográficas digitais permitem tornar mais complexa a paisagem visual, pictórica e gráfica, e as formas de comunicação que as crianças podem elaborar. A câmera fotográfica digital se tornou uma espécie de "hiperolho", que pode consentir às crianças a produção de muitas representações diferentes de um mesmo sujeito. São representações da realidade, muito próximas à própria realidade, que sustentam a construção de relações, de comparações, de confrontos, mas, também, de novas interpretações dos sujeitos de conhecimento. Câmera fotográfica e *scanner* permitem levar para dentro do computador imagens, matérias, formas e cores capturadas pela realidade e modificá-las, enriquecê-las, misturá-las entre si e incluir intervenções gráficas, com uma nova qualidade perceptiva antes inimaginável. Os projetores de vídeo permitem compartilhar a elaboração de seu fazer e inserir as representações das crianças no seu espaço de vida, em experiências de imersão que, ainda hoje, continuam exercendo um grande fascínio. Experiências estéticas e emotivas de grande potência de conhecimento. A facilidade da réplica/multiplicação e o realismo das representações-imagens capturadas abrem possibilidades inéditas e divertidas. Por exemplo, no caso da tradição esperada e apreciada do último dia de escola – as lasanhas –, é proposta por um grupo de crianças uma versão visualmente realista, mas concretamente não comestível: uma elaboração em papel (realizada pela cumplicidade entre câmera fotográfica e *scanner*) de pratos, guardanapos, talheres e lasanhas, que aguardam sair da cozinha para consolar as vítimas da brincadeira. Potencializar e tornar autônoma para as crianças a possibilidade de transferir as imagens de um suporte tecnológico para outro, além de tornar perceptível e exequível a ideia da rede e do diálogo entre os diversos meios tecnológicos e as diversas formas de linguagem, permite a visualização das diferentes representações produzidas, para explorá-las, compará-las e avaliá-las.

Os instrumentos digitais, basicamente, são oferecidos às crianças como meios potentes para interagir e dar forma a experiências e ideias, multiplicando, animando, transformando o desenho, a elaboração pictórica e plástica, a narrativa verbal e corporal, consentindo relações inéditas com os sujeitos de conhecimento, mediante variações idealizadas e produzidas pelas próprias crianças. Além disso, os produtos e os processos podem se tornar mais facilmente traços de memória, pequenas documentações, formas "multimídia" de comunicação. Dessa maneira, o digital colabora para dar forma às linguagens tradicionais. A música, o desenho, a cor, as representações materializadas assumem qualidades diferentes, encontrando contextos que levam a possibilidades de interação, de movimento, de hibridização entre linguagens. A experiência realizada demonstra que as linguagens não devem se digitalizar (isto é, tornarem-se todas da mesma matéria de *bits*) em decorrência da hibridização, mas podem ser construídas no encontro entre átomos e *bits*, entre materiais e imateriais, produzindo possibilidades inéditas de representação. Nos anos 1990, tais processos começaram a ser bastante acessíveis, graças às interfaces cada vez mais acessíveis. Isso abre diversas possibilidades, mas requer também alguns cuidados. Quem projeta tecnologia procura antecipar-se e evitar que surjam perguntas, tais quais: "Como eu faço?" ou "No momento, não consigo fazer tal coisa". Todavia, são essas as perguntas úteis para refletir juntos e encontrar as soluções que aumentam o conhecimento. À escola compete, então, a tarefa de desenvolver e tornar explícitos os processos de pensamento ativados por essas novas representações, realizando uma nova abordagem, mais contemporânea, ao conhecimento.

Comunicação a distância

As tecnologias digitais tornam possível uma construção de conhecimento que pode se realizar conectando lugares diversos e distantes relacionados de forma radial e em rede. Uma possibilidade posterior, que exploramos entre 2002 e 2004, por meio de uma pesquisa realizada com escolas da infância, de ensino fundamental e médio em Reggio Emilia, na Itália, e em Estocolmo, na Suécia.[6] A ideia de um pensamento conectivo, de vários autores, de formas de aprendizagem flexíveis e incompletas, que viajam de um lugar para outro, modificando-se constantemente, são imaginários culturais novos, mas que se tornaram rapidamente difundidos na nossa sociedade. Creio que algumas perguntas que nos colocamos ainda sejam atuais para a escola: Como esses novos espaços podem ampliar e modificar a aprendizagem

---

[5] N. da T.: placas ou aparelhos que enviam ou recebem informações para o computador, como: impressoras, digitalizadores, câmeras, leitores de CD/DVD, mouses, teclados etc.

[6] Pesquisa realizada de 2002 a 2004, no âmbito do Projeto Europeu *E3: e-context, e-technologies, e-early learning* [em tradução livre, e-contexto, e-tecnologias, e-aprendizagem na primeira infância], com envolvimento de duas escolas municipais da infância (La Villetta e 8 Marzo) e um Instituto Inclusivo da cidade de Reggio Emilia, de uma escola sueca (Lemshaga Academy Ingarö, para crianças e adolescentes de 4 a 16 anos), do Reggio Emilia Institutet de Estocolmo, do Computer Technology Institute e da Hellenic Open University de Patrasso (Grécia). O objetivo da pesquisa era construir uma plataforma para a aprendizagem se realizar via troca a distância, coerente com uma ideia socioconstrutivista do conhecimento e de escola como lugar de produção do saber, e não de transmissão de conteúdos.

colaborativa e cooperativa (socioconstrutivista), que sentimos ser hoje a forma mais útil de aprendizagem?
Como podem entrar na escola essas redes de comunicação, nas quais quase sempre não se conhece aquele com quem se está conectado, modificando-se e introduzindo ética e práticas diferentes de conexões na internet?

As mídias digitais e a aprendizagem (ou seja, a confiança excessiva na capacidade das tecnologias digitais de mudarem a escola)

As mídias informatizadas têm oferecido, ao longo do tempo, cada vez mais qualidade, o que as torna particularmente importantes na construção da aprendizagem das crianças:

- a sinergia das linguagens, que o computador com periféricos torna possível;
- a simulação como estratégia de aprendizagem por tentativa e erro, enriquecida pela reversibilidade bidirecional dos percursos colocados em ação;
- a possibilidade de memorizar o processo e de repercorrê-lo;
- a transformação rápida, que é mais solidária com a imaginação criativa;
- a comunicação a distância como possibilidade de ampliar a comunidade de aprendizagem, além da contingência espacial;
- a possibilidade potencializada para as crianças se colocarem como sujeitos sociais (tornando-se facilmente visíveis como interlocutores e produtores de propostas e de cultura).

As pesquisas realizadas ao longo do tempo nos levaram a encontrar as modalidades para que a escola consiga dar espaço a essas possibilidades de experiência, dando vida a processos de aculturação, de conhecimento, de contato com uma realidade, de elaboração imaginativa e de construção cognitiva que permitam às crianças estruturar critérios de acesso e de interpretações, abrindo novas possibilidades de pensamento.
No entanto, as tecnologias mediadas pelo computador, sozinhas, não mudam a relação ensino-aprendizagem, que é tradicionalmente realizada na escola. São necessárias condições novas e diferentes nos lugares educativos e formativos: um pensamento interdisciplinar também na organização diária, uma abordagem socioconstrutivista do conhecimento, um cuidado ambiental no viver e decorar o espaço com materiais e instrumentos capazes de serem adequados e de ampliar os processos de pensamento das crianças e dos adultos. Um ambiente que proponha bons e muitos materiais e instrumentos com os quais se pode agir, construir, pensar; em que se possa apoiar traços dos próprios pensamentos como estratégia da memória e da reelaboração. Um contexto que encoraje a atitude de pesquisa de crianças e de adultos e sustente uma abordagem projetual à construção do conhecimento, que integre ou substitua a abordagem do planejamento.
Um contexto diferente, que dê às tecnologias mediadas pelo computador o papel de ambiente que colabora para dar boas formas aos esforços de representação-compreensão-comunicação do(s) sujeitos(s) em aprendizagem. Um contexto-ambiente capaz de participar das buscas de sentido das crianças e das suas narrativas de mundo.

Considerações finais

O desenvolvimento das tecnologias digitais e das redes telemáticas, como a internet, está produzindo uma mudança relevante nas maneiras de aprender, de comunicar, de construir conhecimentos e identidades. Entre a escola, que tende a confinar as tecnologias mediadas pelo computador em laboratórios, a ensinar predominantemente a técnica da informática e a separar a tecnologia do sentido de humanidade, e as atividades extraescolares, que propõem somente uma dimensão lúdica e relacional das tecnologias, devemos pensar um lugar de reflexão metacognitiva, construtiva, criativa sobre as potencialidades desses instrumentos.
Fazer as crianças descobrirem que o que se faz com os instrumentos digitais é um *diálogo* no qual é necessário que a inteligência do ser humano encontre a inteligência do instrumento. Um diálogo em que as duas inteligências ganham forma recíproca, coevoluem, em que as regras do jogo devem estar nas mãos de ambos os jogadores. A escola deve ser um ambiente para as crianças elaborarem ferramentas, para serem protagonistas ativas de uma realidade que é – há mais de trinta anos – parte da estrutura geral da experiência de todos nós, nos âmbitos social, político, cultural e econômico do mundo contemporâneo.
Ao longo do tempo, as tecnologias nos ofereceram cada vez mais instrumentos para realizar uma experiência de *sensorialidade aumentada*, modificada, enriquecida por percepções inesperadas e que eram impossíveis anteriormente: a dimensão do macro, a mudança de pontos de vista, a criação de realidades inexistentes, somente para citar algumas. Esse, que sempre foi o trabalho da arte, que cria espaços imaginários (o quadro como tela), encontra na realidade virtual uma nova dimensão, a interatividade, isto é, a possibilidade de o sujeito ser parte, coautor dessas novas realidades sensoriais.
A realidade virtual não é uma produção das mídias digitais, é um produto da nossa cultura, e há uma grande continuidade entre tal realidade e as realidades que sempre vivemos. Como educadores e professores, temos que ser capazes de entender essas continuidades, que permitem compreender as diferenças. Só assim poderemos implementar uma didática que integre as tecnologias digitais de uma maneira significativa. Na verdade, virtual não é a realidade peculiar produzida pelas pesquisas sobre a inteligência artificial, mas, sim, virtuais, antes de tudo, os espaços criados pela nossa capacidade simbólica, função primária da nossa mente.
As tecnologias da comunicação contribuem para a nossa capacidade de dar sentido ao mundo, de construir e compartilhar significados. É importante que a ação que todos nós – alguns mais, outros menos – estamos realizando com as tecnologias digitais em rede não seja somente um *fazer*, mas que construa uma cultura compartilhada, práticas sociais não só atuadas, mas elaboradas em uma consciência crítica.
A Mostra *Sconfinamenti* procurou contribuir com esse processo.

Sconfinamenti[1]

Simona Bonilauri e Maddalena Tedeschi

Tecnologia artesanal na creche e na escola

Nem contrários, nem entusiastas, desde sempre, adotamos uma postura reflexiva em relação ao digital e, com essa atitude, continuamos explorando-o e indagando-o.
Nas nossas creches e escolas, a tecnologia entra no cotidiano, não domina, não substitui, mas se mistura com as outras linguagens. Entra como ambiente, não puramente instrumental e funcionalista, mas como conector de saberes e de explorações multidisciplinares, apoiando os modos de conhecer das crianças, inaugurando novos ambientes de socialização e compartilhamento, em que o "mental" de cada criança – que compreende os estímulos externos e as representações internas, o cognitivo e o emocional ao mesmo tempo – encontra uma possibilidade expressiva e comunicativa.
Nos ambientes digitais que estamos explorando, analogamente a todos os contextos educativos da escola e da creche, as crianças agem como autoras e construtoras do próprio saber e dos próprios imaginários individuais e coletivos. Fazem cair por terra uma ideia de tecnologia que anestesia e centraliza e tornam visível outra, ampliadora e geradora, em diálogo com o perfume do musgo e com o crescer da vida.
O digital tem a potencialidade de modificar os contextos de ensino-aprendizagem, oferecendo modalidades novas de representação aos pensamentos e às teorias das crianças, propondo uma dimensão cultural capaz de conjugar a abstração com o artesanal.
Nesses contextos digitais, as crianças agem simultaneamente em mais planos de representação, exercitando uma forma de pensamento híbrido, integrado e flexível.
Isso a que aspiramos é uma forma de inteligência conectiva e sintética, não estritamente disciplinar, capaz de construir-se na busca de significados, na fronteira entre as diversas linguagens.
"A virtualidade não cancela a realidade ordinária, nem a substitui, mas se limita a descompô-la nas faixas de relações perceptivas que a percorrem, até mostrar cada objeto não mais como fato, mas como produto de uma entre as inúmeras modalidades de percepção possíveis. Até mostrar, em poucas palavras, que a realidade – o modo de reconhecê-la e de interpretá-la – é sempre o resultado de um processo de construção: ou melhor, um vislumbre recortado pelo ponto de vista escolhido." (Arturo Mazzarella, 2008)[2]

Nas experiências com as crianças, na creche e na escola da infância, pensamos em uma tecnologia artesanal que mantenha conectada a dimensão artesanal à digital: o digital não é interpretado somente como desmaterializador do real em sons ou imagens, mas como multiplicador de níveis de materialidade, construtor de artefatos que transitam entre o analógico e o digital, e vice-versa.

"O estúdio do artista tecnológico é uma oficina na qual se misturam lápis e mesas gráficas, cores de todo tipo, protótipos, plásticos, materiais variados para preparações do ambiente, instrumentos mecânicos e eletrônicos, estações de computadores e seus periféricos, estações de edição de vídeo e de áudio, sets fotográficos e cinematográficos, em que a projeção do virtual no computador se mistura com esboços, flip chart e storyboards desenhados à mão. [...] A dimensão 'artesanal' não se perde, mas muda suas características e aplicações, em uma artesanalidade flexível, que se mede, ao mesmo tempo, com materiais concretos e virtuais, experimentando, já no processo embrionário da criação e da projeção, aquela sinestesia entre a percepção natural e a artificial. [...] A dimensão 'artesanal' restitui humanidade ao desenvolvimento do processo criativo, deixa pegadas e traços, estratifica as intenções, adensa experiências e aproxima as várias competências." (Andrea Balzola e Paolo Rosa, 2011)[3]

O ambiente de aprendizagem não é simplesmente um pano de fundo ou um invólucro: organizar o espaço de uma escola significa organizar uma metáfora do conhecimento, assumindo a centralidade do sujeito que aprende.
A escolha, antes de ser econômica e funcional, é de valor: enquanto discutimos sobre arquitetura, ambientações e equipamentos, estamos discutindo sobre imagens, visões de humanidade, sociedade e relações interpessoais. Pensamos, então, em projetar contextos em que as crianças possam experimentar estruturas de pesquisa cada vez mais sofisticadas, fazer-se perguntas, formular hipóteses, construir teorias como explicações provisórias dos fenômenos e das coisas.

Naturezadigital

Os projetos disponibilizados na Mostra *Sconfinamenti* pretendiam produzir testemunhos de um trabalho intenso, desenvolvido com as crianças, propondo exemplos dos percursos polimórficos que atravessamos e estamos atravessando, entre digital e natureza. Este binômio – digital e natureza – com aparência um pouco paradoxal, percorreu toda a Mostra, tentando integrar a complexidade do digital com a complexidade da natureza.
Em especial, procuramos humanizar e "artesanalizar" o digital que entrava em contato com a natureza, criando mundos híbridos e reciprocamente influenciados, em que o analógico convivesse com o digital e, juntos, produzissem novas estratégias de indagação e de representação.
A osmose, a contiguidade, a travessia das fronteiras entre natureza e digital consentiram a adultos e crianças uma abordagem projetual, que tentou construir uma soldagem entre os diferentes domínios, para torná-los interpretáveis como *naturezadigital*.

---

[1] N. da T.: palavra italiana que se pode traduzir por "atravessando fronteiras".
[2] Mazzarella, A. *La grande rete della scrittura:* La letteratura dopo la rivoluzione digitale. Torino: Bollati Boringhieri, 2008.

[3] Balzola, A.; Rosa, P. *L'arte fuori di sé:* un manifestó per l'età post-tecnologica. Milano: Feltrinelli, 2011.

O ponto de vista que adotamos foi fenomenológico e ecológico. Não procuramos necessariamente respostas, e sim fazer perguntas generativas ou nos dar sempre respostas problematizadoras.
Partimos de algumas hipóteses que orientavam as trajetórias da nossa pesquisa:

- passagem de uma abordagem antropocêntrica para uma abordagem ecológica, que considera a trama conectiva da relação indivíduo-ambiente;
- coabitação entre analógico e digital;
- pluriverso digital como expansão da natureza;
- mistura pouco clara entre natureza e artefatos;
- percepção multidimensional e relacional.

Dessa óptica, que mantém estreitamente conectados o analógico e o digital, foram projetados ambientes de aprendizagem, internos e externos às creches e às escolas, que, com suas características próprias, ao longo do percurso da Mostra, puderam ser colhidos:

- ambientes conectores que deslocam a centralidade dos equipamentos para os processos de pesquisa;
- ambientes inclusivos de diversas mídias digitais e analógicas, que criam um sistema de interface, composto por dispositivos, objetos, suportes e múltiplas linguagens;
- ambientes nos quais as crianças têm a possibilidade de construir e desconstruir as suas narrativas, exercitando uma competência metarreflexiva;
- ambientes que ganham vida com base nas perguntas das crianças e dos adultos, em relação às condições e às possibilidades ligadas às interfaces dos instrumentos;
- ambientes que colocam em comum prefigurações subjetivas, que convergem para a criação de mundos coletivos, sempre em transformação;
- ambientes que inauguram uma nova dimensão estética.

Mundos possíveis

Nos ambientes analógico-digitais, foi criada uma situação imaginária (*mundo possível*), e nós sabemos que, do ponto de vista do desenvolvimento cognitivo, criar uma situação imaginária pode ser uma modalidade para desenvolver o pensamento abstrato. As crianças se empenham em uma atividade criativa ou combinatória, partindo sempre de elementos da realidade que são reelaborados e transfigurados por meio dos equipamentos digitais.
Com frequência, as obras das crianças são compostas de fragmentos de imagens verdadeiras, que são aproximadas para criar novas realidades, em um jogo de transformação das imagens que procura realizar um universo fantástico fora do cotidiano: novos mundos possíveis recriados, que, por vezes,

Sconfinamenti

evocam aquela atmosfera onírica e metafísica própria da vanguarda artística surrealista.

O mundo possível é um espaço de amplificação sensorial, evocatória e narrativa, que se deposita na imagem digital.

Os mundos possíveis apresentam coisas que seriam invisíveis aos olhos, e é por isso que podem estimular nas crianças um pensamento complexo e sistêmico.

Os mundos possíveis realizam uma imagem multidimensional e interdisciplinar, que atravessa a fronteira da cultura visual, abrindo-se a códigos plurilinguísticos.

Os mundos possíveis são *sets* teatrais, similares a *telas hipotéticas encantadas,* que ganhavam vida a partir das mãos e dos pensamentos das crianças, em um *trânsito* criativo, por tentativas e erros, por aproximações e hipóteses combinatórias conscientes.

Naturalmente, todas as formas de imaginação criativas incluem, também, elementos emocionais e afetivos.

As crianças desejam maravilhas e maravilhar-se.

Encontros com sujeitos vivos

Ao explorar o mundo possível que definimos como *naturezadigital* e nos aprofundarmos nele, a natureza foi indagada pelas crianças mediante os instrumentos tecnológicos, produzindo visibilidades inesperadas, conjecturas originais e contextos inéditos.

Aos saberes difusamente codificados na escola, entrelaçaram-se os saberes mais livres e vitais da natureza, que enriquecem o significado das experiências educativas e promovem um pensamento estruturalmente ecológico, um pensamento da natureza como pensamento de si.

O foco transversal desses percursos foi a *indagação do real*, um processo de conhecimento e de relação: entra-se em uma dimensão empática com um sujeito natural para aprender a conhecê-lo e a conhecer-se. Por esse motivo, falamos de diálogo entre a nossa identidade e a identidade do sujeito observado, consideramos que a indagação do real não é somente morfológica, mas, também, antropológica.

Diversos vetores convergem em uma indagação do real:

- o valor do contexto, ou seja, a relação do sujeito com o seu ambiente de vida;
- a escuta como atitude empática ou contemplativa do sujeito vivo;
- a escuta, também mediada por instrumentos digitais, em uma abordagem que contempla o científico, a imaginação e a expressividade;
- o corpo e a multissensorialidade subjacentes a uma pesquisa multidisciplinar e interdisciplinar;
- um olhar ecológico;
- um contexto multidimensional que sustente mais representações do mesmo sujeito;
- o cuidado e o respeito;
- o tempo da natureza: as suas transformações, o seu "movimento" e a sua imprevisibilidade.

A indagação do real é descoberta, reconhecimento e reinvenção, na medida em que, também por meio dos equipamentos digitais, as crianças conseguem criar novas e diferentes narrativas do sujeito originário, que vão além do óbvio.

Nesse sentido, parece-nos que o digital que encontra a natureza pode expandir, como um "hiperolho", as potencialidades exploratórias e representativas, impulsionando-as até lá, onde é possível revelar o sujeito.

O desfocado, o detalhe, os diversos planos de ação, inauguram representações inéditas, que não coincidem com a realidade visível e que nunca foram vistas antes.

Mediante uma indagação do real, é possível representar um sujeito vivo fazendo emergir a sua identidade, às vezes escondida.

Alguns pontos indicaram o percurso dos projetos expostos na Mostra; acreditamos que podem constituir uma base para desenvolver outras experiências análogas na creche e na escola:

- identificar algumas áreas de aprofundamento e pesquisa para experimentar com as crianças o âmbito da indagação do real nos contextos cotidianos;
- construir um mapa de possibilidades de uso de dispositivos/*softwares* à disposição da creche/escola, para compreender as potencialidades que podem oferecer em diversos ambientes analógico-digitais;
- aumentar a conscientização em crianças e adultos sobre o valor da organização e do arquivamento de dados e saberes colhidos durante as experiências. A memória é um fator importante de aprendizagem, porque fornece aos mecanismos da previsão a base de experiência sem a qual não poderiam ser ativados. Por isso, é importante proceder com a construção de lugares que estratificam, entrelaçam informações, dados, artefatos analógicos e digitais, imagens, que criam plataformas de pensamento coletivo. Arquivos atuais, como memória aberta, acessível, compartilhável, manipulável, que pode ser entendida como organização e elaboração dos dados do próprio conhecimento ao longo do tempo.

"A ecologia – dizia Commoner, um velho pioneiro americano – será certamente o alfabeto do futuro. Estamos – e é preciso que estejamos convictos – dentro de um ecossistema: a nossa viagem terrena é uma viagem que se faz junto com o meio ambiente, com a natureza, com o cosmo; o nosso organismo, a nossa moralidade, a nossa cultura, o nosso conhecimento, os nossos sentimentos se conectam com o meio ambiente, com o universo, com o mundo, com o cosmo; e aqui, dizia Commoner, está a teia de aranha da nossa vida, nessa grande dimensão, uma dimensão difícil de dimensionar, mas é a dimensão de uma teia de aranha necessitada e que, de qualquer forma, é a que constitui o nosso terreno de vida." (Loris Malaguzzi)[4]

---

[4] MALAGUZZI, L. Laboratorio su: la progettazione alla scuola dell'infanzia. *In*: CAGLIARI, P.; CASTAGNETTI, M.; GIUDICI, C.; RINALDI, C.; VECCHI, V.; MOSS P. (org.). *Loris Malaguzzi e le scuola di Reggio Emilia*. Reggio Emilia: Reggio Children. No prelo.

Os pensamentos que sustentam o projeto expositivo

Isabella Meninno

O percurso que leva à realização de uma Mostra é um longo e complexo processo de um projeto levado a um plano de concretude comunicativa, capaz de oferecer-se para se tornar lugar de confronto de ideias.

Em essência, o projeto contém várias *formas de vida*: exposição, debate, publicação, preparação do ambiente, instalação e um ateliê, que transforma ainda mais as maneiras de habitar e conceitualizar a Mostra. Um projeto que oferece um espaço para continuar a evoluir os pensamentos, sem sedimentá-los em uma forma cristalizada, de museu, ou muito estruturada em questões já estabelecidas.

A preparação do ambiente é estruturada com espaços de leitura e de reflexão, de *ação* e de *atuação*. Um lugar, portanto, pensado para ser vivido e transformado, pelo público, pelas crianças, pelas perguntas e pelas descobertas, com espaços e instrumentos preparados para sustentarem mais processos, para estimular o desejo de vislumbrar lugares para se aventurar e construir novos imaginários.

Um percurso não excessivamente elaborado, nunca completamente concluído, composto por diversas formas comunicativas para um público muito heterogêneo.

As qualidades do trabalho artesanal-digital

Muitos são os aspectos presentes nessa Mostra, porque muitos são os elementos que as escolas entrelaçaram e viveram de modos diferentes, com equipamentos digitais e analógicos.

A natureza foi um ponto de partida e de retorno, uma presença constante. A natureza que se reproduz, transforma-se, transmuta, multiplica-se; uma natureza em expansão, combinatória, compositiva, fluida, imersiva, acolhedora, amedrontadora, envolvente, conciliadora, misteriosa...

Características frequentemente assonantes à matéria digital e suas possibilidades, que duplicam, inventam, arquivam, mudam, transformam, surpreendem, expandem, dilatam, fluidificam, distorcem, enganam, mimetizam, confundem...

A escola se apropria dessas palavras e dessas associações ou inventa novas, porque tem *mãos de artesã* e *alma contemplativa* e, por isso, *construiu* pensamentos e instrumentos como artesã e inventora. Utilizou os equipamentos de maneira imprópria, falsa, criativa, provisória, inventando novos espaços-ambientes ou adaptando-os às necessidades e aos desejos.

Nessa onda de pensamentos foi construída também a Mostra. O critério expositivo percorreu os passos da escola, preparando espaços similares, às vezes mais amplos, às vezes selecionando um detalhe, uma pesquisa ou enfatizando uma das qualidades do projeto. Foram repropostos alguns instrumentos e invenções, transformando-os e adaptando-os ao ambiente, para dar a oportunidade aos visitantes da Mostra e do ateliê de deixarem impressões e sugestões.

Os espaços fluidos se aglomeram de novas imagens, que se fazem ambiente.

sconfinamenti/bordercrossings

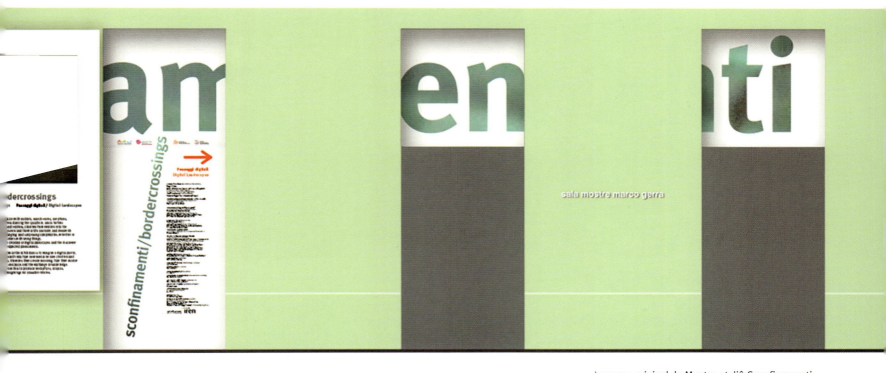

Ingresso original da Mostra-ateliê *Sconfinamenti*,
Centro Internacional Loris Malaguzzi, Reggio Emilia

Sala de Mostras Marco Gerra, Centro Internacional Loris Malaguzzi:
documentação na parede e preparação das mesas de trabalho

Ateliê *Paisagens digitais*

Encontros com sujeitos vivos – Mostra

A Mostra é uma narrativa. Os textos e as imagens dos 15 *painéis* apresentam o projeto de cada escola, contendo as suas fases e os seus processos.

O corte narrativo permite ao leitor colher o princípio, a faísca do início do projeto de cada uma delas, e prosseguir na geografia de cada percurso.

Os painéis mostram aquele momento inicial e o que acontece depois, documentando a capacidade das crianças de reelaborar o dado de partida.

As crianças se equipam como exploradoras para verificarem e encontrarem o mundo, estabelecendo com o novo, ou inventando com o já visto, uma nova relação, graças à sua capacidade empática, intuitiva e poética de abrir novos cenários sobre o mundo que as circunda. O tema lhes interessa e lhes investe de um tipo de responsabilidade de explorador, e, assim, encarregam-se de resolver enigmas e de experimentar teorias, aproveitando a ocasião para apresentarem reflexões com as quais, talvez, há tempos, familiarizavam-se.

Após essa passagem, a escola se equipa e prepara o seu ambiente: faz isso com as tecnologias, com a matéria, com os pensamentos. A rica matéria do pensamento atravessa a fronteira para acessar associações de palavras e linguagens; as tecnologias, pela própria capacidade de guardar pensamentos, de conectar, de construir ambientes fantásticos e híbridos, logo parecem uma prótese natural de reelaboração dos pensamentos, na qual o sujeito indagado, a natureza, traz consigo uma grande complexidade. Uma natureza capturada em *pixels* e novamente livre, enquanto as fronteiras dos pensamentos se ampliam à medida que se adentra na matéria. Passagens carregadas de soluções provisórias, sempre com novos pontos de vista, destinados, talvez, ainda, a mudar ou a se transformar no tempo.

O percurso narrado pela Mostra é um fragmento, um *iceberg* que emerge do longo processo e das muitas vivências de cada escola. As páginas-painéis contam que esse não é um percurso concluído e que o final feliz está em cada paisagem.

O otimismo das margaridas

Creche
GIANNI RODARI

autores e protagonistas:

meninas e meninos de 2 a 3 anos:
Alessio, Alice, Carolina, Caterina, Daniele, Farida, Giacomo, Giulia, Guido, Irene, Lorenzo, Lucia, Marco, Maria, Massimo, Matilde, Matteo, Nina, Sara, Sofia, Sophia, Virginia, Wellington

professoras: Filomena Andriulo, Barbara Fabbi, Simona Manini, Rita Sturloni

professora formadora: Lucia Colla

coordenadora de vídeo: Daniela Iotti

pedagogistas:[1] Angela Barozzi, Maddalena Tedeschi

---

[1] N. da T.: denominação usada nas escolas de educação infantil do Município de Reggio Emilia, mantida no original, para designar o profissional de coordenação pedagógica que coordena, normalmente, mais de uma creche/escola da infância, tendo função apenas pedagógica, por meio de encontros com a equipe de trabalho e com as famílias.

As pesquisas das crianças

Há "grandes" questões relativas também às crianças pequenas, empenhadas na busca de dar sentido e ordem ao mundo.

Olha, quantas. Alessio

A multidão e a singularidade

As margaridas, delicadas, tenazes, em grandes quantidades, iguais, mas, também, diferentes, transformam-se, crescem, morrem, renascem, expressam um ciclo biológico interessante e uma espécie de otimismo alegre quando, pontuais, reaparecem no prado.

O encontro

As atitudes das crianças com relação às margaridas abrem-se em um respeito sem retórica.

Ainda estão fechadas, porque estão com frio. Giulia

Dançam quando tem vento. Irene
Esta é pequenininha. Nina
Esta é rosa. Alice
Estão vivas porque estão em pé. Alessio
Elas se secam ao sol quando estão molhadas. Maria
Ela me tocou, faz cócegas! Alessio

Foto de Lucia   Foto de Nina

Posso dar as margaridas para a minha mamãe? Alessio

Creche GIANNI RODARI

"Diversamente colhidas": contextos e instrumentos

O desejo das crianças estimula no adulto a procura de soluções alternativas para a coleção: molduras de papel, câmera fotográfica, câmera de vídeo..., para alimentar a empatia que gera respeito.

As margaridas são um pouco altíssimas e dançam. Maria

As margaridas-borboletas

Ambiente real e ambiente digital: um enriquecimento do imaginário.

Estas brincam baixinho, baixinho, sem fazer barulho...
Quando se fazem cócegas, viram borboletas e voam...
Eu vi uma vez, quando estava escuro. Virginia

Vamos fazer escuro, vamos fazer silêncio, vamos fazer mágica. Alessio

Tem muito colorido! Virginia
Eu vi uma borboleta roxa e uma verde! Maria

Creche **GIANNI RODARI**

Metamorfoses
As margaridas projetadas sofrem uma metamorfose, transformando-se no imaginário em grandes e vitais borboletas coloridas.

Olha, aquilo aconteceu... Virginia

Ela se transformou em borboleta. Virginia

Metamorfoses gráficas
Tudo se mistura, hibrida-se, muda e, sobretudo, gera.
É o que as crianças sabem, corajosamente, sugerir.

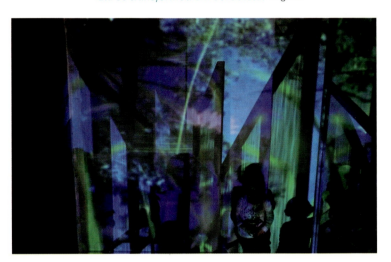

A minha margarida. Virginia
Quero que ela vire uma borboleta. Maria

São as cores que a transformam em borboleta. Maria

Passear com os caracóis

Creche
ALICE

autores e protagonistas:

meninas e meninos de 2 anos e 7 meses a 3 anos e 5 meses:
Alessandro, Alessia, Caterina, Chiara O., Chiara P., Crhistian, Federico, Flavio, Gabriella, Ginevra, Giovanni, Ilaria, Mario, Nicole, Praise, Sofia, Tommaso

atelierista:[1] Anna Orlandi

profess

Encontros

Na grama, um caracol se move lentamente; os olhares das crianças pousam sobre ele.

Está se rastejando... Mas aonde está indo? Sofia
Vai passear... Kristina

Aproximações

Pelo desejo de observá-lo e de conhecê-lo, o caracol é levado para a seção por alguns minutos.

Retorno ao habitat

O caracol retorna à grama do jardim, mas sempre próximo dos olhares das crianças.

Eu quero ir com ele para fora, no parque. Depois, nós o colocamos no chão para brincar com os amigos dele. Sofia

As crianças, com sua empatia e sua consciência, sugerem que o caracol precisa voltar ao seu ambiente natural.

Novos *habitat* "bonitos" escolhidos e fotografados pelas crianças

Folhas úmidas

Grama fresca

Salada para provar

Creche **ALICE**

A força de uma ideia
E, enquanto o fotografam, projetam construir para ele uma ambientação nova e interessante, onde também possa se divertir. A diversão e a brincadeira são tão importantes quanto a necessidade de encontrar alimento.

Eu tiro uma fotografia... do caracol... Chiara P.

Podemos fazer uma roda para os caracóis, assim, brincam juntos. Kristina
Como uma ciranda. Caterina

Ambientações para fazer os caracóis brincarem

Os caracóis desenhados como novos amigos dos caracóis reais

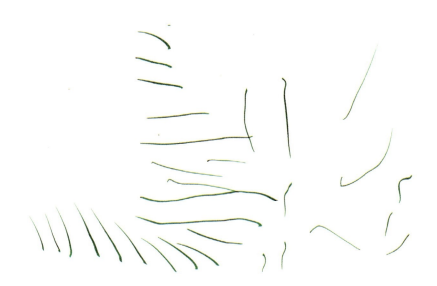

As antenas Chiara P.

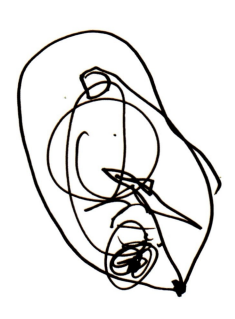

A concha do caracol Federico

Creche **ALICE**

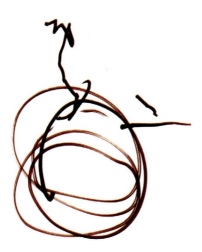

O caracol-estrela Elijah

O caracol grande Federico

Ambientações digitais

As fotos são projetadas nas paredes, no teto e no chão. O "fora" brinca com o "dentro", o caracol verdadeiro com o caracol projetado. O digital alimenta a diversão e atravessa a fronteira em direção ao alto.

Aquele não é de verdade, porque é grande... Mario

Está se mexendo, olha... Mario
Vamos falar baixo, senão ele acorda! Sofia
Somos caracóis, estamos entre os caracóis... Sofia
Eu estou sentada dentro do caracol; ele está me levando embora, para fora, ao parque. Sofia

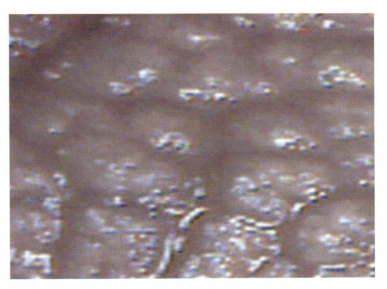

São nuvens! Mario
São gigantes! Kristina

Imagem ampliada da pele do caracol

A forsítia vista pelo sol

Creche
PETER PAN

autores e protagonistas:

meninas e meninos de 1 ano e 10 meses a 2 anos e 8 meses:
Alfonso, Anna, Asia, Benedetta, Camilla, Davide, Doriana, Federico, Flavia, Francesca, Gabriele, Giada, Giovanni, Hamza, Leonardo, Linda, Nadia, Riccardo, Tommaso, Viola F., Viola L.

atelierista: Simona Spaggiari

professoras: Alessandra Murru, Annalisa Rocchi, Carolina Torelli

professora formadora: Lucia Colla

pedagogista: Elena Corte

A descoberta

No parque da creche, floresce uma "forsítia", com uma folhagem espessa, que se oferece como toca e esconderijo.

"Forsítia" o nome diz... "Fors" significa forte. Federico
Uma planta forte é uma planta que está debaixo da neve e do sol quente e nunca morre. Tommaso
É um arbusto que toma sol, de fato, é todo amarelo. Federico

Olhares recíprocos

A forsítia se deixa observar e se deixa narrar pelas crianças durante as maravilhas do seu ciclo sazonal.

Eu vou tentar entrar. Onde estou? Vocês vêm me pegar?
Federico

Tem o arbusto com as flores, mas também tem o sol que olha para o arbusto. Nadia

Entrelaçamentos de flores, entrelaçamentos de sombras

A forsítia é um entrelaçamento de ramos, flores, sombras, tocas para se esconder. Um lugar que, em seu interior, reserva sensações especiais e projeta uma imagem de si na grama, revelando novas configurações: as formas e cores da sombra.

Desenhar o entrelaçamento das cores e das flores e decalcar a imagem projetada com carvão e grafite, instrumentos solidários, em empatia com a sombra.

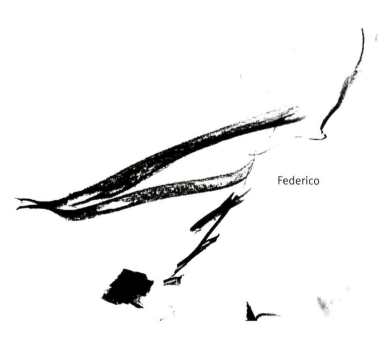

Federico

Creche **PETER PAN**

Duplas projeções, naturais e digitais

A projeção da imagem com o projetor de vídeo mantém a lembrança das aventuras no jardim, em um emocionante contexto de imersão.

Sobre uma grande tela, que conserva a sua imagem, mas não as cores, a forsítia devolve de si um desenho da sombra, mágico e misterioso.

É como uma foto, mas se mexe e dá para ouvir também os passarinhos. Você deve ficar quieto, quieto, e os ouve. Benedetta

É a nossa casa com o teto amarelo. Federico
É lindo aqui embaixo, parece um arbusto amarelo. Linda

É um arbusto que toma sol Linda

Creche **PETER PAN**

Consigo pegar os ramos. Estou muito no alto, tenho que tomar cuidado para não cair da árvore.
Francesca

Tenho o amarelo natureza na barriga. Francesca

Eu capturo as flores amarelas; estão aqui dentro, olha.
Flavia

Os amarelos também estão dentro de mim. Eu danço com os ramos, dou cambalhotas com o amarelo.
Benedetta

A forsítia no tempo

O sol, a chuva, a neblina, a presença de animais revelam, dia após dia, um aspecto sempre novo, e as aventuras digitais podem misturar o tempo e as paisagens.

35

Luz de bosque

Creche
PABLO PICASSO

autores e protagonistas:

meninas e meninos de 2 a 3 anos:
Anna, Aurora, Camilla, Cristian, Federica, Gabriele, Giada, Irene, Isabella, Luca, Margherita, Matteo, Mia, Piergiorgio, Sara, Riccardo, Thomas

professoras: Elisa Benassi, Annunziata Colloca, Virna Del Rio, Filomena Di Nuzzo, Emanuela Gualandri, Fazia Manfredi

pedagogista: Jovanka Rivi

Um lugar especial
Este pequeno bosque é um lugar especial para as crianças da creche, frequentado e habitado cotidianamente, lugar amado e interessante. Uma presença importante e mutável.

Um lugar para se esconder, brincar, escalar, observar, ficar nas tocas que se formam entre os arbustos mais baixos, descobrir... Nascem encontros com os sujeitos vivos e entre as próprias crianças.

Creche **PABLO PICASSO**

Ampliar os olhares
As crianças, antes de fotografar, devem "sentir" a identidade do bosque, colher a sua essência por meio do corpo: tocam, acariciam, observam, cheiram, escutam.

É macio... Matteo
Eu fiz carinho naquele ali, eu o "amaciei". Alessandro

Foto de Matteo

Pontos de vista
Com a câmera fotográfica, o olhar parece mover-se no espaço, reconstruindo o contexto.

A luz natural – Variações luminosas
Do bosque, as crianças colhem um elemento importante: as variações da luz natural, filtrada entre as folhas.

Vejo o céu... É um pouco branco, depois, um pouco azul e um pouco verde. Gabriele

Foto de Federica

Está tudo fechado lá em cima, lá em cima... As folhas fecham tudo isso.
Federica

Creche **PABLO PICASSO**

A matéria digital luminosa

A luz natural assume e expressa múltiplas características, que se repropõem e permanecem nos ambientes digitais sugeridos no interior da creche.

Ambientações tridimensionais

Estar dentro, como no bosque... Aurora

Projeções tridimensionais criam situações lúdicas e surpreendentes, das quais nasce uma espécie de dança contemplativa, imersiva, representativa.

Dá para ver o bosque pelo computador. Isabella

Vemos tudo verde... É o nosso bosque! Aurora

Estou dentro do bosque! Aurora

Raio de luz de bosque

As imagens do real se tornam cenários que acolhem novos raios, os quais, por sua vez, sobrepõem-se e evocam recordações e imaginários narrativos.

Luz de bosque

Presentes
para a árvore

Creche
GENOEFFA CERVI

autores e protagonistas:

meninas e meninos de 1 ano e 6 meses a 2 anos e 7 meses:
Agata, Aida Maria, Allegra, Andrea, Aurora, Benedetta, Camilla, Carlotta,
Daniele, Davide B., Davide V., Emma G., Emma M., Federico, Francesca,
Gabriele, Ginevra, Irene, Maite, Malika, Maria Maddalena, Marta,
Mathias, Simone G., Simone M., Virginia, Matteo Maria
Valentina, Vittorio Maria, Yuri

atelierista: Barbara Quinti

professoras: Ernestina Codeluppi, Nicoletta Silvestri, Ilaria Zannetti

pedagogista: Angela Barozzi

O parque da creche Cervi se apresenta como um variado conjunto de sujeitos vegetais que coabitam, alternando, na passagem das estações, diversas florações, brotos, luzes, cores.

Árvore vaidosa
(*Robinia pseudoacacia*)

Indagação multissensorial

As árvores que as crianças encontram no parque hospedam insetos (formigas, aranhas...), e outros vegetais (musgos e heras) aparecem como pequenos ecossistemas para serem indagados.

Tateabilidade

É macia... Malika
É cinza... Andrea
É dura... Yuri
É a pele da árvore. Emma M.
É a casca... É marrom e amarela, e também um pouco branca. Tem o pó da árvore, que sai. Daniele

Sonoridade

Esta árvore é dura como a pata de um dinossauro! Virginia
Esta planta faz um barulho estalante..., que se despedaça... Virginia
A casca faz lembrar de muitos, muitos barulhos, um barulho em inglês... Davide V.

Árvore Agata

Creche **GENOEFFA CERVI**

Árvore de pistache
(na verdade, uma conífera)

As crianças formulam algumas hipóteses sobre a origem e a natureza de algumas características.
Pinta de verde! Davide V.
É uma árvore de pistache. Virginia
É verde, porque chega até o alto... Verde, verde, verde... Davide V.
Chega daqui, do chão, dessas folhinhas. Virginia
Para que serve o verde para essa árvore? Professora
Para resistir. Está contente porque não quer fazer as suas folhas caírem nunca! Virginia

Projeções e novas materialidades
Não consigo abraçá-la, é falsa, é uma brincadeira! Emma M.
Eu te digo que a toco, pego a sua casca, está aqui, nas mãos... Davide V.

Presentes especiais
Ao indagar as cascas, as crianças descobrem algumas pequenas cavidades, zonas secretas, onde depositar fragmentos de natureza, que logo se evidenciam, aos olhos dos amigos, como "presentes especiais".

Creche **GENOEFFA CERVI**

Surpresas para as formigas

Formigas Mathias

Achei uma formiga...
Coloco aqui uma ponte para as formigas. Davide V.
Vamos fazer uma surpresa para elas! Aida

Os presentes para as árvores se tornam, para as crianças, uma maneira de observar e colher pequenas folhas, cascas, flores, gravetos e grama..., elementos que habitam o parque e fazem dele uma paisagem em contínua transformação. A beleza à qual as crianças se referem evoca uma ideia de cuidado e de solidariedade em relação a cada forma de vida, o que estabelece relações de escuta recíproca.

Presente para a árvore
São os fios da árvore... Daniele
São os prolongamentos da árvore. Servem para ficar em pé... Davide V.

Coloquei as flores amarelas aqui... Coloquei as margaridas! Francesca

Efeito planta: da flor ao novo projeto de planta

Escola da Infância
BRUNO MUNARI

autores e protagonistas:

meninas e meninos de 5 a 6 anos:
Alice, Anna, Arbin, Asia, Braian, Cindy, Davide, Egidio, Ettore, Filippo, Francesco, Gabriele C., Gabriele P., Giada, Giovanni, Giulia, Isabella, Lorenzo, Luca, Martina, Nexhmije, Nicolas, Noemi, Rosanna, Tommaso

atelierista: Barbara Quinti

professoras: Sabrina Congiu, Anna Tamburini

pedagogista: Simona Bonilauri

A descoberta

No parque da escola, a flor da passiflora[1] dificilmente passa despercebida, por sua beleza e por sua singularidade.
Agora, eu digo o significado do nome: deram o nome para ela de "flor do pranto de Deus",[2] porque essas pétalas parecem o pranto de Deus! Egidio

A passiflora, plantada há alguns anos, com o tempo, alongou-se e entrelaçou-se às plantas que estão em volta, criando, em alguns pontos, um novelo verde, no qual se escondem numerosos botões...
Existe uma centena delas! Olhem esta, já está crescendo! Vamos todos desenhá-la! Luca
O desafio está cada vez mais difícil! Egidio

Primeiros retratos do real

A flor do pranto de Deus Egidio

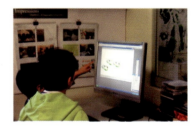

Ao observarem a planta de perto, as crianças ficam tocadas pelo grande número de flores que descobrem pouco a pouco.

Nascimento e multiplicação da planta

As primeiras indagações do real, digitalizadas pelas crianças, são produzidas com um programa de edição de imagem e sobrepostas segundo uma ideia compositiva e harmônica que lembra a planta.
Nasceram outras três! Egidio

A representação da planta crescendo passa do desenho ao digital, e vice-versa, com grande desenvoltura.
Todos os dias descobrimos coisas novas dessa planta...
No primeiro dia, descobrimos a "flor de Deus", depois, descobrimos os "macacos",[3] e, depois, as flores brancas! Luca

---

[1] N. da Rev. Téc.: trata-se de um gênero botânico composto, em sua maioria, por trepadeiras. É popularmente conhecida pelo seu fruto, o maracujá.
[2] N. da Rev. Téc.: na Itália, esta planta é reconhecida como a flor da Paixão de Cristo; diz-se que os seus filamentos lembram a coroa de espinhos. No Brasil, também é conhecida como flor-da-paixão.
[3] N. da T.: termo inventado pelas crianças, correspondente aos brotos.

Escola da Infância **BRUNO MUNARI**

Descoberta dos seus elementos constitutivos

Os frutos são fotografados, dissecados e desenhados, porque são partes indissociáveis da planta, já que guardam novas plantas que nascerão ao longo do tempo...

Planta crescendo Egidio
Desenho que transita do digital ao papel

O fruto da passiflora
Indagação fotográfica de Gabriele P.

Este "macaco" é o ovo, dele nasce a flor do pranto de Deus... Tem um saquinho com sementes verdes!
Egidio

Temos que desenhar um "macaco", colocá-lo no computador, multiplicá-lo, como eu fiz, e, assim, nasce um monte de "macacos". Egidio

Planta crescendo Luca
Desenho digitalizado

Escola da Infância **BRUNO MUNARI**

Invenções visuais para o alambrado do parque
De onde nasce e onde acaba "a flor do pranto de Deus"?
A planta cresce de baixo, mas não dá para entender bem de onde, porque todos os ramos estão unidos... Luca
Começa por aqui... Segue a linha de lá... Egidio
...até onde a cerca termina! Luca

Podemos desenhar a semente e, depois, a árvore com as flores, depois, ainda mais flores e, no final, sai a cerca completa! Este é "o efeito planta" mesmo! Egidio

Cerca nua Francesco

"Efeito planta", uma definição que parece nos devolver a "força e a vitalidade da natureza que cresce", que invade, que se desenlaça e reveste o que a circunda, um efeito que as crianças colhem da natureza e repensam, para modificar o alambrado do parque... Nasce das crianças a ideia de prolongar a passiflora existente, com a impressão dos seus desenhos, revestindo a parte da cerca ainda nua: uma espécie de instalação que entrelaça natureza e representação.

Efeito planta Egidio e Francesco

Vida da hera: uma história para contar

Escola da Infância e de Ensino Fundamental no
CENTRO INTERNACIONAL LORIS MALAGUZZI

autores e protagonistas:

meninas e meninos de 5 anos e 5 meses a 6 anos e 5 meses:
Agnese, Cecilia, Chahd, Chiara, Ciro, Daniele, Eleonore, Emanuele, Emma C., Emma P., Emmanuel, Eva, George, Giuseppe, Kingston, Lamine Bara, Lorenzo, Luca, Beatrice, Martina, Matilde, Samuele, Sofia, Susanna, Teseo, Xin Ji

atelierista: Francesca Manfredi

professoras: Sabrina Bonacini, Debora Rago

pedagogista: Maddalena Tedeschi

A hera que mora no jardim da escola é um ser vivo complexo, que propõe às crianças muitas perguntas. Uma delas é: "Onde nasce?".
Para as crianças, os sujeitos naturais têm histórias para escutar e para contar.

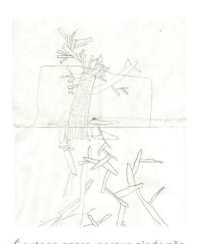

É outono agora, porque ainda não tem folhas. Luca
As raízes estão lá no fundo, e lá no fundo não se respira. Então, ficam gordas e explodem, e o ar vai para baixo, então, conseguem respirar. Samuele

Agora, vamos fazer a hera crescer. Samuele
Agora, é uma planta pequena, depois se engancha e escala a árvore. Luca

Cada vez mais raízes, cada vez mais ramos, cada vez mais folhas, até que vira um monte gigantesco! Samuele
A semente é o coração das plantas. Luca
E também é o dos homens. Samuele

Como as plantas falam entre si? A comunicação faz um som que vai das raízes até as plantas e fala com elas. É um tipo de onda sonora. Luca

Escola da Infância e de Ensino Fundamental **NO CENTRO INTERNACIONAL LORIS MALAGUZZI**

Indagações do real
Entre as crianças e a hera, nasce um intenso diálogo cotidiano.

O vento desgrudou os ramos, que, agora, tentam ficar grudados no muro. Como fizeram para resistir? Luca
Porque, quando as folhas estão grudadas em algo, elas resistem. Matilde

Foto de
Luca, 5 anos e 6 meses
Daniele, 5 anos e 4 meses
Lorenzo, 5 anos e 5 meses

Raminhos, raízes, espinhos Matilde
Carvão

Folhas ao vento Beatrice
Aquarela

Folha Chiara
Grafite

Os muitos verdes da hera Agnese
Guache

Restos colhidos na área externa

Escola da Infância e de Ensino Fundamental **NO CENTRO INTERNACIONAL LORIS MALAGUZZI**

Plataforma de ideias

O ambiente de aprendizagem é composto por lugares interligados: a área externa, lugar de vida da hera; e o ateliê, "praça de elaboração".

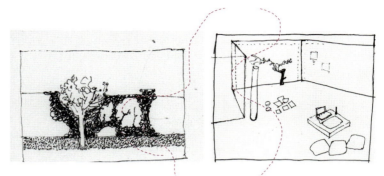

Ateliê: lugar de coleta de anotações, fotografias, achados, artefatos, originais e digitalizados (esboços da atelierista)

Hera.01: regeneração

Dar vida a um ramo seco de hera.

Se está grudado, vira um primo ou um irmão, uma mamãe, um papai, uma avó ou um avô, uma tia..., no sentido de que estão juntos para sempre, todos os dias. Giuseppe

Arquivo digital de imagens

Se crescer um pouco mais, poderemos dizer que está vivo. Emmanuel
Nós a criamos e, no final, para fazê-la reviver de verdade, nós lhe demos um nome e a chamamos de "Hera.01". Giuseppe

Escola da Infância e de Ensino Fundamental **NO CENTRO INTERNACIONAL LORIS MALAGUZZI**

A obra dá vida a elaborações individuais, mas é predominantemente coletiva, em um processo contínuo, que integra e mescla diferentes mídia e suportes.

Desenho de Cecilia, realizado a partir da impressão da Hera.01

Folha desenhada sobreposta à projeção

Escola da Infância e de Ensino Fundamental **NO CENTRO INTERNACIONAL LORIS MALAGUZZI**

Hera gigantesca: multiplicação
A hera é gigantesca! Vamos fazer um único desenho juntos: um pedaço da hera gigante. Daniele
No computador, fazemos muitas folhas. Colocamos todos os desenhos juntos, senão, serão sempre as mesmas folhas, e é chato. Beatrice

Folhas fantasmas Eva
Programa de edição de imagem

Muitas folhas Eva
Giz pastel de óleo e lápis de cor

Ação ambiental coletiva

Na pele das árvores

Escola da Infância
PAULO FREIRE

autores e protagonistas:

meninas e meninos de 5 a 6 anos:
Alex, Anna, Carlo, Chiara, Claudio, Davide, Eleonora, Emma G., Emma P., Eva, Francesco, Giulio, Greta, Ida, Maria Eugenia, Matilda, Matilde, Matteo F., Matteo P., Nicole, Riccardo M., Riccardo T., Sofia M., Sofia S., Vittoria, Vittorio

atelierista: Lanfranco Bassi

professoras: Barbara Beltrami, Giovanna Nastri

pedagogistas: Elena Maccaferri, Annalisa Rabotti

Reflexões sobre a vida

No jardim, as crianças observam as cascas, os sulcos... Refletem sobre a vida e o tempo.

Nas cascas, tem a vida. A vida é quem faz as coisas viverem. Matteo P.
Tudo tem uma vida. Matilda
A vida dura para sempre. Nicole
O tempo passa, e a pele das árvores envelhece, como nós. Alex
Todas as coisas têm uma pele... Precisamos [dela]. A pele da árvore é como a pele da mão. Eva

A empatia imediata das crianças passa por associações, busca de semelhanças, diferenciações entre os vários seres vivos. Sustentamos essa proximidade entre a pele e a casca.

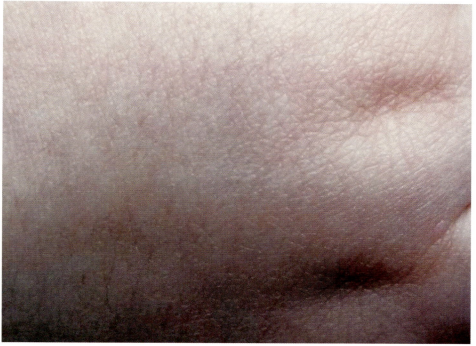

Quando a planta era pequenininha, a pele era pequenininha; depois, média; depois, gigantesca. Carlo
A pele é como a nossa, como a dos frangos depenados: eles não tinham a casca, mas as penas. Sofia M.

Escola da Infância **PAULO FREIRE**

A pele, a matéria
As crianças "transitam" com os materiais naturais, construindo relações entre instrumentos diferentes: *webcam*, *scanner*, projetores, argila, papel..., em um contexto que, como uma orquestra, produz "sons" e efeitos diversos.

Escola da Infância **PAULO FREIRE**

O retorno à natureza. A brincadeira da pele falsa
Escolhemos alguns papéis que se parecem com a casca. É a brincadeira da pele falsa. Riccardo T.
Se colocarmos água naqueles papéis que fingimos que são cascas, ficam muito iguais à pele do tronco. Matteo F.

Mimetismo
É tipo uma brincadeira. Greta
A árvore fez o papel se transformar. Matteo F.

Trajetórias

Escola da Infância
GIROTONDO

autores e protagonistas:

meninas e meninos de 5 anos e 5 meses a 6 anos:
Alessia B., Alessia M., Alessio, Aurora, Camilla, Daria, Gabriele, Giacomo, Giuseppe, Thomas, Valentina

atelierista: Alberto Bertolotti

professoras: Anna Bizzarri, Alessia Forghieri

pedagogista: Elena Corte

O voo, o vazio, o movimento são temas que, há algum tempo, na escola, oferecem-se ao encontro com as crianças, criando, assim, uma atmosfera de uma sensibilidade particular em relação a estar no ar, no vazio, no espaço e no tempo.

Representações gráficas

Um aspecto ligado ao voo é a trajetória. Nas pesquisas das crianças, ela se torna um traço de identidade dos diversos sujeitos no ar e das suas dinâmicas.

As crianças estão particularmente interessadas no voo.

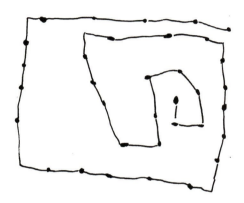

Voo de mosquitos Giuseppe

Voo de um zangão Daria

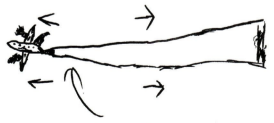

Voo de um avião Giacomo

Escola da Infância **GIROTONDO**

Trajetórias: o salto de uma gota e o "tempo de vazio"

A trajetória da queda de uma série de gotas de uma calha põe em foco outros dois elementos de avaliação do movimento:

As gotas tinham um movimento do alto para baixo... Então, entre o movimento de uma gota e outra, tem o tempo de vazio. Gabriele

O tempo e o espaço que corre entre a queda de uma gota e da seguinte podem ser medidos e são o que, em Física, chama-se *fração espaçotemporal*. As crianças o chamam de "tempo de vazio".

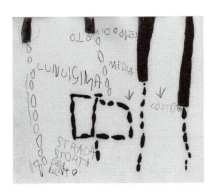

Associações e conexões: gota e salto

Não! Se uma coisa se mexe rolando como a bola, não tem o tempo de vazio, porque não sai do chão. Giacomo
Sim! O pingar é como o movimento dos pés que saltam. Sabe aquele tempo que passa entre uma gota e a outra? É um tempo igual ao que passa entre os pés e a terra quando você salta. Camilla
...você quer dizer: o vazio que tem entre os pés e o chão quando se salta. Giacomo

O salto das crianças e o tempo de vazio

O salto é uma passagem no vazio que se confronta com a força de gravidade. O espaço-tempo tem um valor, uma medida relativa, de acordo com o peso, a posição do corpo, a energia com que o salto é executado. As crianças vão à procura dessas variáveis, reconstruindo os seus saltos, as trajetórias e calculando "o tempo de vazio".

Escola da Infância **GIROTONDO**

Hipóteses e confrontos

Eu faço a trajetória com uma seta; depois, o ponto de interrogação, porque não se sabe o que se faz enquanto se salta e se vai até onde diz a seta. Giacomo

Eu estou com as pernas e os braços abertos, e as setas que vão para baixo indicam onde eu aterrisso, e as setas para cima indicam os braços para o alto. Daria

Eu desenhei a trajetória para baixo, que parte do braço. Giuseppe

Experimentos e verificações

Tem dois tipos de trajetória: tem a que vai para baixo e a que vai para cima. Para entender aonde vai a trajetória, precisamos de olhos atentos. Giuseppe

O ar que você desloca quando salta depende de onde você está saltando e aonde quer chegar. Camilla
Mas aquele espaço ali é o tempo de vazio. Giuseppe

Trajetórias imaginadas

As crianças reconstroem graficamente a sequência de um salto em curso.

Estudo de figura humana em fase de preparação para o salto com pernas flexionadas. Giuseppe

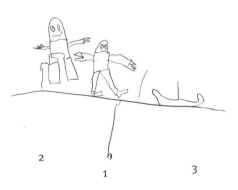

É preciso flexionar os joelhos para saltar. Giuseppe

Escola da Infância **GIROTONDO**

* A seta indica o ponto em que é preciso flexionar o joelho

Estudo de figura humana em fase de preparação para o salto com pernas flexionadas Daria

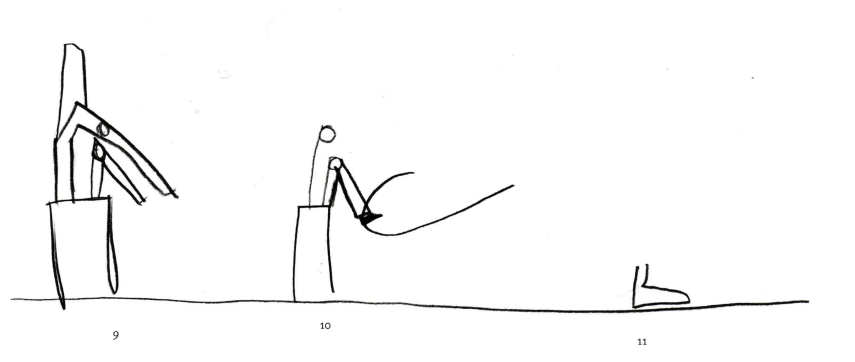

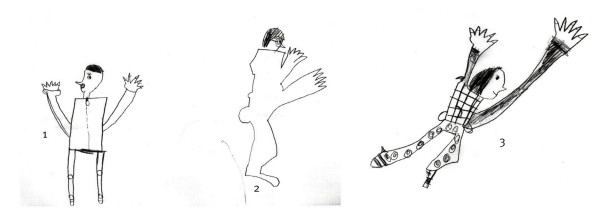

Estudo de figura humana ereta que está saltando Daria

Um lugar perfeito

Escola da Infância
GULLIVER

autores e protagonistas:

meninas e meninos de 5 anos e 5 meses a 6 anos e 3 meses:
Anna, Chiara B., Chiara G., Chiara S., Corrado, Danae, Daniel, Diego, Federico, Filippo G., Filippo T., Francesco, Jenny, Jun Tao, Lucrezia, Meryem, Michelle, Miracle, Nisrim, Pietro, Riccardo, Samuele, Samuel, Sara, Stefano, Vladimir

atelierista: Francesca Fiorini

professoras: Laura Ilde Bottazzi, Elisa Degani, Delia Donelli

professora formadora: Paola Barchi

pedagogista: Elena Corte

Um lugar perfeito

A descoberta

Em um pequeno espaço apertado, perto da entrada da escola, entre os degraus e a calçada, nasceu uma figueira. Esse lugar é pouco visível, despercebido, aparentemente desabitado, marcado pelo tempo, onde o vento faz a curva, depositando folhas secas, penas de pássaro e gravetos, é capaz de acolher a vida de uma nova plantinha.
Os primeiros a perceber são as crianças.

Olhar propulsor

A exploração revela aquele pequeno espaço como um lugar que acolhe a vida, e o figo se torna o elemento propulsor, que ativa a procura de uma beleza que expande os espaços e as fronteiras, os olhares e os imaginários.

Escola da Infância **GULLIVER**

É um lugar bonito, porque dá para ver o céu. Samuele

Embaixo dos tijolos, tem terra. Filippo
As raízes sugam a água que vai láááá para baixo e, depois, crescem de novo... Minhocas, lagartas e formigas. Danae

Com o sol, as folhas ficam brilhantes. Filippo

Tem a calha, que leva água para as plantas! Nasceu em um lugar perfeito. Anna

No muro

Sombra de dinossauro Samuele

No muro, tem coisas que são secretas. Pietro

Arranhões de dinossauro Samuele

Escola da Infância **GULLIVER**

Teorias sobre a vida

*A nossa planta se plantou no cantinho... Como é rara!
Então, é um lugar especial.* Danae
O vento trouxe a sementinha para cá. Riccardo
*Talvez, no ano passado, fosse uma sementinha, depois,
com a chuva, ficou mais alta.* Anna

O vento Samuele

Subterrâneo: Ambiente vital

É grande o desejo de entender o que acontece debaixo da terra, onde parece que tem início a magia do nascimento.

Estudo de uma raiz por meio de lupa e de *webcam*

Tem formigas e minhocas... Anna
A *webcam* mostra um mundo misterioso.

Escola da Infância **GULLIVER**

O subterrâneo imaginado

Ampliar, aproximar, entrar em um mundo desenhado e continuar imaginando.

As gotinhas andam rápido. Quanto mais regamos, mais animais chegam. Danae

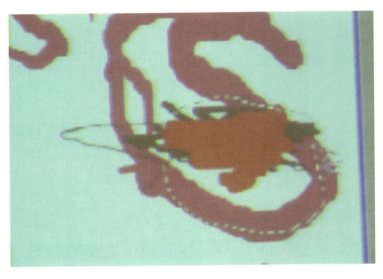

Desenho feito por meio de mesa digitalizadora

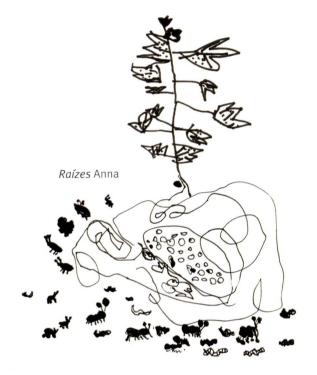

Raízes Anna

Eu acho que as raízes da figueira são leves. Riccardo
Tem algumas gotinhas e um buraquinho, que as suga até a planta, e a faz crescer. Danae
Esta gota acabou de entrar no buraco. Vamos fazer de conta que voltamos para o passado com a nossa plantinha? Filippo

Raízes Danae

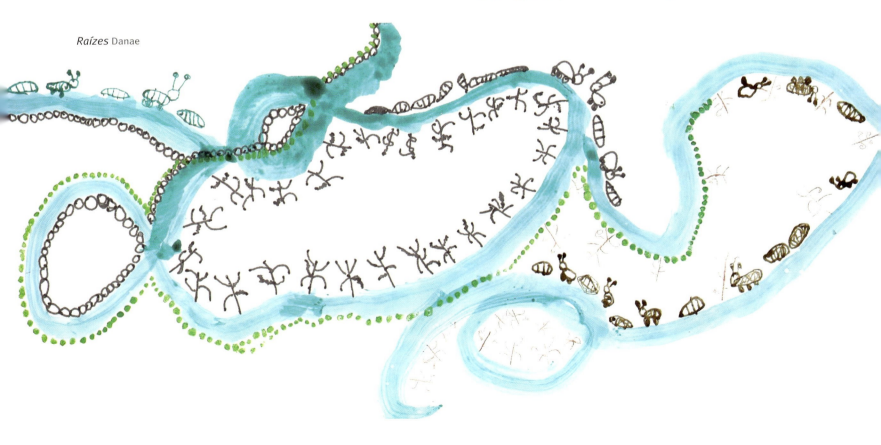

Escola da Infância **GULLIVER**

A realidade do presente, a realidade do futuro
As folhas caem, a figueira se transforma. Imagina-se a vida que virá e nascerá das raízes, que mantêm o futuro. A atenção das crianças se desloca, também, para as folhas caídas, observadas como achados preciosos.

Olha, parece uma folha de ouro. Nisrim
São os ossos dela! Está meio despedaçada. Danae

Imagem ampliada da folha seca

Desenho digital

Renascimento
A figueira renasce e, como uma promessa, como imaginado, tudo recomeça.

Um pequeno ovo azul

Escola da Infância
LA VILLETTA

autores e protagonistas:

meninas e meninos de 5 anos e 5 meses a 6 anos e 3 meses: Alessia, Amin, Andrea, Emanuela, Filippo, Lucrezia, Giulia, Jacopo, Salvatore

atelierista: Paola Gallerani

professoras: Paola Barchi, Ethel Carnevali

pedagogista: Angela Barozzi

Encontrar uma casca de ovo no parque da escola surpreende um grupo de crianças, gerando curiosidade e perguntas.
A beleza do ovo, a sua história um pouco misteriosa, os elementos que estão próximos dele ampliam os olhares das crianças ao sujeito no contexto em que foi encontrado.

Um ovo! Um ovo de pássaro, pequeno, pequeno! Andrea

Talvez seja um ovo de pega...[1]
É bonito porque é azul, é a cor do mar... É tão lindo! Lucrezia
Se sentirmos o perfume, saberemos de que passarinho é. Salvatore
Perto tem as flores roxas, aquelas nascidas na árvore. Giulia
Talvez o galho fosse tão comprido que se despedaçou... Quando caiu, o ovo quebrou. Andrea
Aqui tem as sementes daquela árvore lá... O vento tira de lá e as leva embora. Fizeram um grande voo! Jacopo
Olha! As formigas... brincam de esconde-esconde na casca da noz. Alessia

---

[1] N. do E.: *gazza*, no original. Trata-se de um pássaro da família dos corvos, típico do hemisfério norte, cuja coloração é preta na cabeça, branca no peito, e alguns têm parte das asas azulada.

Escola da Infância LA VILLETTA

Interpretações entre micro e macro

Em volta do ovo, as crianças encontram: pequenos ramos, grama, folhas, pedaços de pinha, cascas de nozes, uma pena, flores, formigas, sementes... elementos que dão identidade ao lugar. Por meio de caneta microscópica, de câmera fotográfica e de instrumentos gráficos, as crianças escolhem e colhem indícios, fazem interpretações.

Interior da casca. Fotografia de Salvatore feita com caneta microscópica

Projeção em vídeo do clique de Salvatore

O ovo tem coisas escritas. Talvez o passarinho tenha deixado alguma coisa escrita para a mamãe quando foi embora... Salvatore

Está escrito: "Não me procure, porque eu já fui embora!" Andrea

Interpretações do real do lugar, com instrumentos gráficos

Representação gráfica do lugar, por Filippo

Ponto de vista das formigas. Fotografia com câmera digital tirada por Andrea

Projeção em vídeo do clique de Alessia

As formigas veem a grama alta! Grande como uma montanha!
Andrea
Esta folha de grama parece uma pista de corrida para as formigas.
Amin

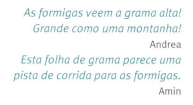

Macrofolhas de grama. Fotografia de Alessia feita com caneta microscópica

Representação gráfica da folha de grama por Amin

Escola da Infância **LA VILLETTA**

Paisagens entre analógico e digital

O arquivo das imagens feitas pelas crianças com a câmera fotográfica e o microscópio digital, os desenhos e as peças em argila das imagens ampliadas, os materiais naturais e as projeções no ambiente possibilitam a criação de cenários para compor paisagens digitais e materiais, para simular o ponto de vista e a corrida das formigas por meio das possibilidades de animação em ambientes diversos (computador, mesa de luz).

Arquivo digital. Fotografias e representações gráficas dos elementos e dos habitantes do lugar

Ambiente com mesa de luz

Set de representações gráficas, materializações e materiais naturais

Escola da Infância **LA VILLETTA**

Paisagens digitais: representações em movimento

É preciso de uma outra formiga para fazer a competição, mas como fazemos para elas se moverem ao mesmo tempo? Andrea

Vai, formiga, corre, que as outras formigas já estão lá! Giulia
Se você quiser movimentá-la com a mão, tem que fazer um teatrinho, no computador tem que usar o mouse. Lucrezia

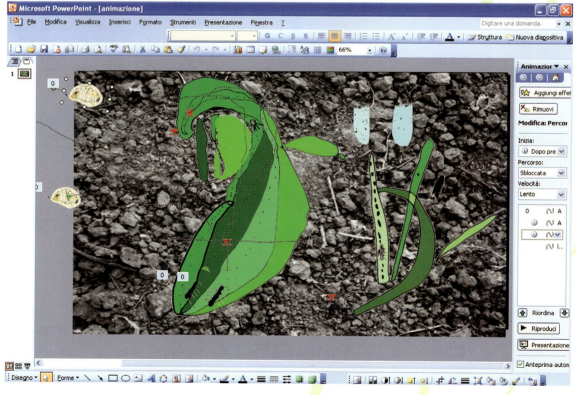

Vamos fazer o passarinho que nasceu do ovo voar também? Salvatore

Escola da Infância **LA VILLETTA**

Por meio dos materiais digitais e físicos, as crianças constroem cenários tridimensionais para simularem o ponto de vista das formigas, às quais darão movimento com o programa de computador.

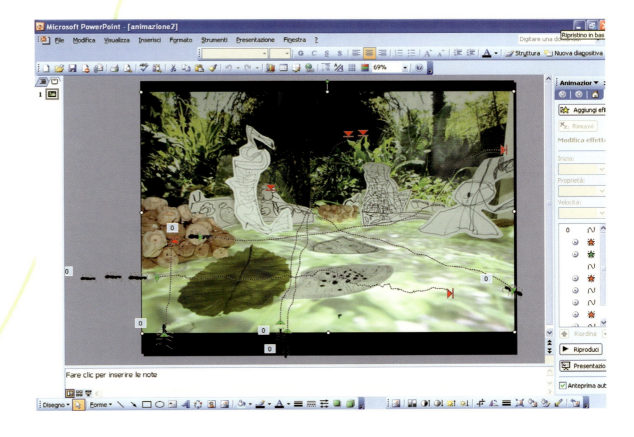

O fosso é como um mundo

Escola da Infância
CAMILLO PRAMPOLINI

autores e protagonistas:

meninas e meninos de 5 a 6 anos:
Alessia, Leonardo, Costantino, Nicole, Nicolò, Sasha, Tommaso

atelierista: Gianluca Ferrari

professoras: Giuliana Giuliani, Antonella Salati

coordenadora de vídeo: Daniela Iotti

pedagogista: Angela Barozzi

Os fossos, se vistos de perto, são mundos plurais que podem estimular, nas crianças e nos adultos, olhares e abordagens de interpretação e indagação dos conceitos de complexidade e de ecossistema aberto.

Janeiro: primeira ida ao fosso

Foto de Tommaso

Existem muitíssimos tipos de planta. Alessia
E esta planta serve para manter a margem firme. Alessia
O fosso não é sempre igual, os dias fazem ele mudar. Tommaso
O fosso é como um mundo. Alessia

Foto de Alessia

Escola da Infância CAMILLO PRAMPOLINI

Janeiro

Representação gráfica do real feita por Nicole

Fotografia do fosso tirada por Alessia

Fevereiro

Interpretação gráfica da foto de Alessia, realizada no ateliê por Nicole

Escola da Infância **CAMILLO PRAMPOLINI**

Abril

Chuva absorvida pelas margens do fosso Costantino
Guache sobre papel

Mamãe planta Nicolò   *Aerada* Tommaso

Geometrias da natureza

O digital nos oferece chaves de interpretação para abrir as leis geradoras "invisíveis" da vida.
As crianças, obstinadamente, procuram explicações e validações que tentam dar ordem a uma matéria complexa.

A margarida é cheia de bolinhas... Sasha
Dentro da bolinha do centro tem outra bolinha. A primeira bolinha explode e, dentro, outra; depois, mais uma, cada vez menor, até que vira um pontinho preto. Nicole
E, se dentro da bolinha, tem uma pequena plantinha que está nascendo? Tommaso

Fotografia digital de uma "bolinha" da flor, tirada por Tommaso

Estes pontinhos são minúsculos, e não se vê o que tem no meio, mas, com a "caneta óptica", podemos ver. Tommaso

Margaridas na beira do fosso, fotografadas pelas crianças com a caneta microscópica

Projeção da margarida da foto feita com a caneta microscópica

A terra

Escola da Infância
DIANA

autores e protagonistas:

meninas e meninos de 5 a 6 anos:
Agata, Alberto, Alessandro, Alice B., Alice O., Andrea, Chiara, Diego, Elena, Elena Laura, Fabio, Gabriele, Guido, Maria, Keziah, Lina, Marco, Martina, Olimpia, Pietro, Precius, Samuele, Sofia, Thomas, Koadija

atelierista: Simona Spaggiari

professoras: Lisa Lolli, Simona Repetti, Evelina Reverberi

pedagogista: Simona Bonilauri

Proposta

As professoras propõem às crianças a terra como sujeito de indagação: ambiente de relação por excelência, que evoca um olhar sistêmico, relacional e contextual.

Ambiente multidimensional analógico e digital proposto pelas crianças

Indagação de um torrão de terra

Coloca-se um torrão de terra na seção.

Simulação em vídeo de um passeio no jardim da escola

O louva-a-deus está parado, mas os que têm ilusão de óptica o veem se mexer! Marco

Um problema ético

A grama deve estar fora... Não deve estar nesse "mundo pavimentado"... Vamos levar a grama para fora e plantá-la... A grama tem que encontrar os seus semelhantes. Andrea

Escola da Infância **DIANA**

O torrão volta para o seu *habitat*
Habitat é uma palavra-chave que abrirá o caminho para a descoberta de um lugar vivo, vital e em transformação.

O *habitat* da grama é a terra
O habitat da grama não é só a terra, é a água também! Alessandro
Na terra, tem as minhocas também! E fazem bem para as plantas, porque fazem bem para a terra... Andrea
A terra é o habitat de muitas coisas juntas... Pietro
Para mim, o habitat é uma coisa como... um leão está bem na savana, se você muda ele para a selva, não é bom, porque está acostumado a ficar em espaços grandes. Para as plantas, também é assim. Diego

Escola da Infância **DIANA**

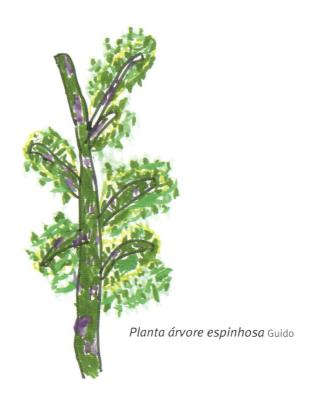
Planta árvore espinhosa Guido

Indagação do real no *habitat*

Borboleta Lina

Formiga Guido

Minhoca Alice O.

Planta com muitas pontas Alice B.

Planta-serpente Thomas

Sem título Thomas

Sem título Alice B.

Sem título Guido

Escola da Infância **DIANA**

Arquivo digital

Coletânea de desenhos digitais e analógicos, de desenhos estáticos e em movimento, de vídeos, de sons, projetada e usada pelas crianças.

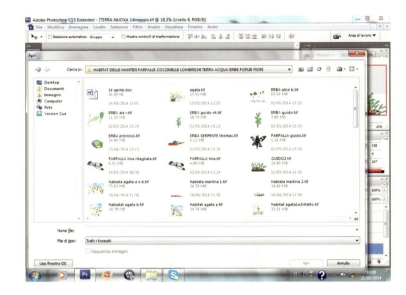

Explorações digitais *in itinere*[1]

O desenho digital sustenta a indagação da transformação do sujeito ao longo do tempo.

Tem um temporal! Dentro, tem a chuva! Assim, a terra bebe, fica mais macia e tem mais minhocas! Guido

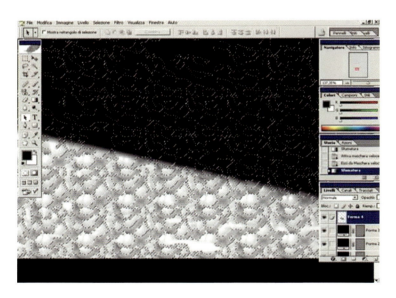

Chuva Koadija

Centopeias e minhocas Elena

Habitat: uma obra coletiva

Nós levamos muito tempo para desenhar tudo... A folha é pequena. Diego
Podemos grudar um desenho no outro! Se as coisas se unirem, vão se unir também as coisas que dissemos! A ideia vira uma só! Marco
Com o computador dá para grudar bem... Eu, um dia, coloquei dois desenhos dentro do computador, um em cima do outro... Alice O.

Espaço do desenho digital como um ambiente de relação e de compartilhamento

Nesta terra, faltam os insetos, mais grama, um pouco de terra... Guido

É um videogame da natureza! Andrea
Este é o nosso mundo... É feito de grama, de plantas, de animais, de flores... Podemos chamá-lo de Habitat Virtual, porque está no computador. Alberto

---

[1] N. da Rev. Téc.: expressão em latim que significa *no trajeto*, utilizada no texto para expressar algo em processo.

Escola da Infância **DIANA**

Videogame da natureza

Mediante algumas tentativas com um programa de edição de imagem (perspectivas, pontos de vista, perto e longe, dimensões), as crianças tentam organizar sistematicamente os elementos dinâmicos do *habitat*. A representação digital pode ser observada, mas também é modificada e transformada continuamente pelas crianças.

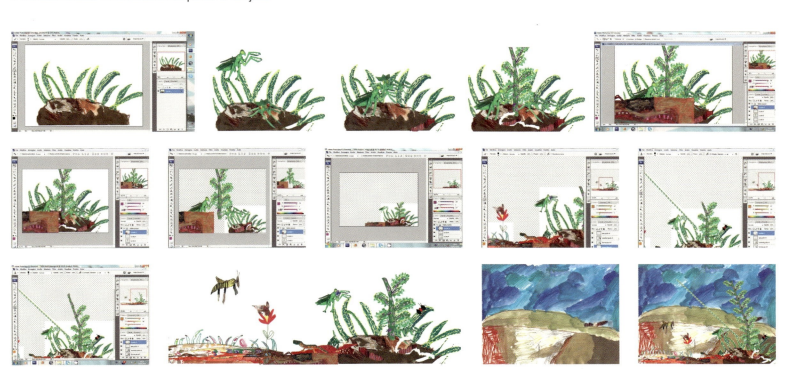

Obra coletiva digital: projeção em vídeo da interface do programa de edição de imagem

O falso mais verdadeiro do que o verdadeiro

Escola da Infância
PABLO NERUDA

autores e protagonistas:

meninas e meninos de 5 anos e 5 meses a 6 anos e 4 meses:
Allegra Aurora, Anna, Beatrice B., Beatrice V., Camilla, Daniel Wainer, Eleonora B., Eleonora F., Elisa, Eva, Federico D., Federico M., Filippo B., Filippo Z., Francesca, Francesco E., Francesco S., Gaia, Giada, Giulia, Hafez M. Islam, Ilaria, Leonardo, Luca, Lucia, Mariachiara, Nicole, Paolo

atelierista: Anna Orlandini

professoras: Elisabetta Borciani, Roberta Moscatelli, Lara Salami

pedagogista: Daniela Lanzi

Webcam e caneta microscópica

O conceito de transformação é um dos potenciais desses "objetos mágicos" que as crianças intuem e habitam.

Transformação: a *webcam*

Está tudo incendiado... Parecem árvores cheias de fogo. Luca

O paraíso rosa... Beatrice V.

Parece a teia da aranha. Ela fez uma toca... Filippo

Por meio de luzes, de sombras e de filtros, as paisagens construídas pelas crianças se transfiguram e assumem expressividade e identidades diferentes (as imagens são feitas com a *webcam*).

A *webcam* gera paradoxos: a imagem virtual atravessa fronteiras no hiper-realismo; o falso é mais verdadeiro que o verdadeiro.

O que a webcam vê é mais monstruoso, porque é diferente. Se nós colocarmos objetos na frente, ela vê ainda mais assustador...
Anna

Porque as webcams têm aquele olho especial que não vê tudo... Nós vemos melhor, o nosso olho tem a pupila especial que vê tudo... Se o olho recebe imagens escuras, depois as transmite para um receptor que torna as imagens claras. A webcam, não...
Paolo

Escola da Infância **PABLO NERUDA**

Caneta microscópica

A caneta microscópica permite isolar segmentos de realidade e revelar a trama da matéria, instigando narrativas e "criações" de mundos por parte das crianças.

Serve para focalizar as formas, para ver dentro das coisas... Anna

Parece um inseto com espinhos.
Paolo

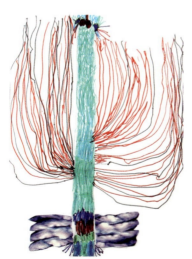

Reinterpretação gráfica do detalhe da pinha ampliado

Ambientação realizada por meio da *webcam*

A invasão dos insetos gigantes.
Luca e Elisa

Escola da Infância **PABLO NERUDA**

Criação de mundos

Vamos fazer o mundo dos insetos? Eleonora F.

As explorações conduzidas com os instrumentos digitais instigam as crianças a novas possibilidades para continuarem com esta ideia: realizar mundos de insetos.

Existem muitos tipos de mundos dos insetos... Tem insetos que estão nas árvores, tem outros debaixo da terra... Francesca
Eles se enfiam em todo lugar, até na salada... São feitos para viver em toda parte do mundo. Camilla

Podemos colocar um inseto falso... Assim, pensam que é de verdade. Camilla

Vamos levar a webcam para o pátio...
Filippo
Assim, vamos entender bem os detalhes...
Paolo

Escola da Infância **PABLO NERUDA**

Construção de *set*

Brincadeira: folha verdadeira e folha desenhada Francesca

As crianças organizam os materiais para o *set*

Queria algo assustador... que os nossos pais se assustassem... Giulia

Formiga que pica os animais Giulia

Nasce a ideia de realizar mundos de insetos entre o verdadeiro e o falso por meio da construção de *sets*, entrelaçando a dimensão física com a virtual.

Vamos fazer a mamãe e o papai adivinharem se os insetos são verdadeiros ou falsos... Leonardo
Vamos chamar de "brincadeirinha". Francesca

Pedras

Insetos de borracha

Plantas e troncos

Insetos de argila

Miniaturas de insetos pintadas pelas crianças

Escola da Infância **PABLO NERUDA**

As crianças modificam o *set* de acordo com a ambientação de vida do próprio inseto de argila e fazem uma imagem fotográfica com a *webcam*.
Procuram enquadramentos e efeitos que potencializem o aspecto "monstruoso" da imagem.

Formiga e joaninha descansando, porque passearam muito Gaia

Noite de aranhas Allegra

Por meio da fotografia e da narrativa, a realidade aumentada dos *sets* cria novos mundos, ampliando as representações mentais das crianças.

Formiga que caminha em uma floresta de outono Beatrice V.

Lagarta embaixo da Lua cheia no meio do bosque Francesca

Lagarta indo pegar uma folha na neblina Lucia

Abelhas perto do vermelho do vulcão Luca

Plantas dançantes

Escola da Infância
ROBINSON

autores e protagonistas:

meninas e meninos de 5 anos e 2 meses a 6 anos e 5 meses:
Adele, Alessio A., Alessio C., Alex, Alice C., Alice F., Andrea Be., Andrea Bi., Andrea Bo., Beatrice, Camilla, Carlotta, Elisa, Elise, Emanuela, Filippo, Irma, Lavinia, Martina, Mattia, Nicolò, Paolo, Reda, Samuele A., Samuele B., Valentino

atelierista: Loretta Bertani

professoras: Roberta Marzi, Aurora Pigozzi, Piera Le Rose

pedagogista: Elena Giacopini, Moira Nicolosi

As plantas selvagens presentes no parque da escola se tornam sujeito de indagação pela variedade, pela qualidade, pelas características e pela força vital que expressam.

Grama alta da escola. Beatrice

Outro modo de olhar: coleta de dados com a câmera fotográfica

Mapeamento-censo das variedades de plantas

Fotografias tiradas pelas crianças

Escola da Infância **ROBINSON**

Variações

As plantas não são divididas nos próprios tipos. Estão misturadas e estão todas próximas. Paolo

Plantas Irma

Planta selvagem Andrea

Interpretação e catalogação dos dados (das plantas)
Não sabia que existiam tantas plantas. Percebi agora, que tirei fotos. Elisa

Plantas Alice

retas

macias

grandes

com riscas

estranhas

com espinhos

enroladas

relaxantes

peludinhas

pequeninas

com espinha de peixe

compridinhas

suaves

perfumadas

lisas

"coceguentas"

Escola da Infância **ROBINSON**

Quesitos vitais

As plantas são machos ou fêmeas? Como podemos saber? O que uma pequena planta tem que aprender? E quem ensina? Mas quem coloca as sementinhas na terra? Como a planta nasce? Como a planta faz para se mover?

A força da planta Samuele A.   Fotografia tirada com caneta microscópica

Plantas corajosas Alex

A planta precisa de coragem para se abrir. Se alguém dá água para ela, quer dizer que deseja que a vida dela seja muito tranquila. Irma

É a natureza que as fez crescer com o perfume, o sabor e o barulho do vento.
Emanuela e Lavinia

Devem aprender a se proteger da chuva e dos relâmpagos... É muito difícil ser uma plantinha..
Paolo

A planta teve todo o tempo silencioso para crescer... Adele

Nascimento da planta
Alice C., Adele, Andrea e Paolo

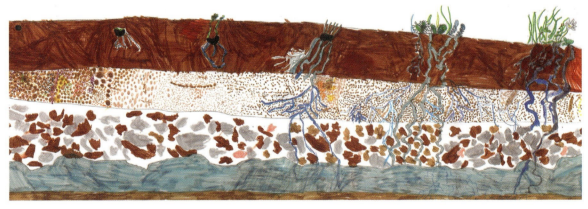

História de uma flor "dente-de-leão"
Interpretação de crianças de 5 anos

Talvez aquelas plantas próximas se esforçam, se esforçam, se esforçam para fazer uma semente... Depois que a fazem, ela cai no chão... rola... rola... e rola... O vento faz as sementes passearem... Faz um buraco grande. Se o vento for muito forte, elas entram no buraco e, depois, a planta nasce... E, depois, a planta cresce, cresce e acontece de novo e de novo... Irma

A vida é infinita. Adele

Escola da Infância ROBINSON

Cenografias
E quando o vento chega das nuvens, as plantas começam a dançar... e fazem a dança do vento, porque estão felizes. Elise e Martina

Múltiplos planos de projeção

As crianças e a planta parecem se fundir: o sujeito que pesquisa se torna um só com o sujeito pesquisado.

Movimento da planta Alessio A.

Plantas dançantes Martina

Escola da Infância **ROBINSON**

Plantas entrelaçadas pelo vento Adele

Os cadernos de estudo

Os cadernos de estudo

Os cadernos de estudo produzidos pelas professoras contêm uma parte do panorama e do ambiente em que a escola se insere, incorporando dois elementos importantes: o tempo e o contexto. São instrumentos de observação complexos de redigir, porque se colocam entre o documento jornalístico e a interpretação dos fatos, mas oferecem a possibilidade de apreciar, de maneira mais completa, o percurso de trabalho, olhar por trás das cortinas, verificar a complexidade e os possíveis caminhos que o projeto escolheu percorrer.
É entre as linhas dessa convivência narrativa que se encontram as chaves para entender como a escola avança na direção escolhida.

Mesa preparada com os cadernos de estudo

Os cadernos de estudo

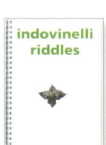

Paisagens digitais – Ateliê

Com a Mostra exibida no Centro Internacional Loris Malaguzzi de Reggio Emilia, muitas vezes, é instalado, de maneira bem atípica, um ateliê, um espaço dedicado a experimentações ligadas ao tema da Mostra.
Entrelaçar a leitura e a visão das mostras aos ambientes dedicados às explorações, além de promover uma "estratégia do compreender", que está em sintonia com a das crianças – que nunca separam o pensamento da ação –, faz parte da nossa maneira de comunicar e de sustentar novas e diversas formas de compreensão, de reflexão e de interpretação.

Na Mostra *Sconfinamenti*, essa múltipla comunicação foi especialmente oportuna e necessária para consentir a produção de reflexões não óbvias sobre os processos de aprendizagem e para "saborear" melhor a exposição. O diálogo inédito entre instrumentos analógicos e digitais leva a provar, a experimentar, a descobrir pontos de vista e estéticas, a inventar novas situações, com a ajuda de materiais que se movem no espaço, procurando relações com outros materiais e com instrumentos analógicos e digitais conectados entre eles.

Uma exploração que, com frequência, surpreende e, às vezes, desconcerta, mas sempre seduz, que ativa a curiosidade, leva a criar novas imagens, pensamentos estimulantes e situações espaciais fascinantes.
O percurso exploratório não fica limitado em uma só sala, rica de equipamentos digitais, mas se estende ao longo de toda a Mostra, sugerindo possibilidades de indagações e conexões que sempre *atravessam fronteiras* entre instrumentos e linguagens diferentes: uma condição favorável para promover novas perguntas.

Paisagens digitais – Ateliê

Geografias
Isabella Meninno

Um espaço que inclui

Nos ambientes digitais do ateliê, as projeções invadem o espaço, saem dos limites do ambiente arquitetônico (paredes, chão, colunas, teto), revestindo todas as superfícies e os objetos que encontram: a percepção é a de um grande desenho tridimensional ou de um alto relevo em forma de escultura.
O corpo inclui-se nessa realidade que está sendo construída e, ao mesmo tempo, é autor e construtor das relações daquele mundo possível.
O espaço-tempo assume conotações e proporções diversas, das quais crianças e adultos são criadores e usuários: as distâncias e as aproximações com os sujeitos das suas indagações estão em contínuo movimento, ininterruptamente alteradas, modificadas, transformadas.

"É como se os sentidos fossem duplicados, a relação não é mais somente entre sensibilidades reais, mas, também, entre elas há uma nova sensibilidade virtual. [...] As tecnologias desencadearam uma nova forma de sinestesia que não é somente o cruzamento entre os sentidos naturais, mas o entrelaçamento entre sentidos naturais e uma nova sensibilidade artificial, digital." (Andrea Balzola e Paolo Rosa, 2011)[1]

A dimensão da imersão, presente também em outros contextos de ateliê, é potencializada pelos instrumentos analógicos e assume novas variações e descobertas imaginárias e cognitivas. Convida as crianças e os adultos a brincarem entre o verdadeiro e o falso, multiplicando os planos da realidade e da representação, inaugurando uma nova dimensão de realidade aumentada, como um contínuo entre "o atual" e o digital. Permite, também, diversas possibilidades de mapeamento do espaço.
As projeções nos espaços do Ateliê *Paisagens digitais* contêm, com frequência, imagens da área externa do jardim do Centro Internacional Loris Malaguzzi, feitas por crianças e adultos, imagens escolhidas para criar ambientes no interior do ateliê, desconstruí-los, reconstruí-los, reinventá-los e, neles, imergir.
As projeções sobrepõem-se a diversos materiais e objetos que acolhem a luz, refletem-na, obscurecem-na... Trata-se de objetos e materiais que constroem jogos de luz e projeções, colocando em evidência outras competências do fazer digital. Cenários e imaginários multiplicam-se, submetidos a uma mudança em escala, fragmentam-se, expandem-se, obscurecem-se, as imagens se misturam, brincam.
Com os ateliês, pretende-se repropor aos visitantes uma suspensão dos procedimentos normais, para se fazer uma imersão em um processo multiforme com grande liberdade, que convida a descobrir, mediante relações entre materiais analógicos e equipamentos digitais, a criação de espaços ambientais inéditos e sugestivos.

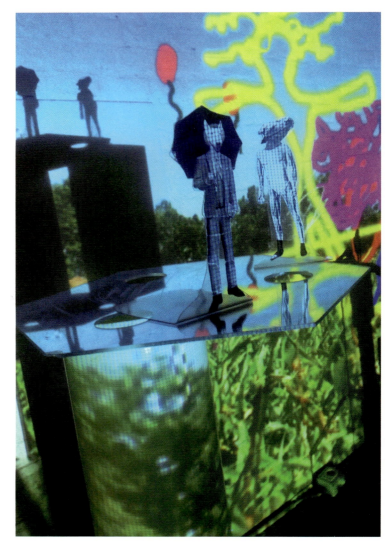

Ambientações

---

[1] Balzola, A.; Rosa P. *L'arte fuori di sé*: un manifestó per l'età post-tecnologica. Milano: Feltrinelli, 2011.

Paisagens digitais – Ateliê

Área externa/área interna

Ateliê: da área externa à área interna.
Ambientação com paisagem

Paisagens digitais – Ateliê

Paisagem multiforme e multimaterial, reproduzida em tamanho grande, graças às projeções de imagens colhidas por meio do microscópio digital, da *webcam* tradicional e da com raios infravermelhos

Composição sobre a mesa "vista" pela *webcam*

Paisagens digitais – Ateliê

Paisagens digitais – Ateliê

Os cenários e a microconstrutividade

Monitor, *webcam*, mesas digitalizadoras, microscópios digitais, objetos e diversos outros materiais constituem pequenos *sets* cinematográficos, que podem recriar, aumentar, projetar imagens carregadas de ideias visionárias. A realidade *irreal* superdimensionada maravilha, diverte, torna-se extraordinária. *Habitat*, ecossistemas que ganham vida por meio da narrativa, mudanças de escala dos personagens desenhados, inventados e fantásticos, surpreende até quem os inventa. Insetos que vivem em todos os lugares, em muitas dimensões, florestas alagadas, arbustos captadores de insetos...

O olho mágico da *webcam* expande os objetos, tenta entrar em seu interior, navega pela superfície dos materiais que, ampliados, parecem mudar de forma, atravessam fronteiras no hiper-realismo e desorientam. *"A webcam vê e pensa diferente"*, dizem as crianças.

As soluções cenográficas chegam ao paradoxo, acolhe-se o casual, desafia-se a visão, que se *costura* com a narrativa. Força-se um sujeito de maneira expressiva, não natural, mas com base em sua identidade.

Abriga o mundo lá fora, redesenha-o com leis no limite da física e da biologia, entrelaça-se a visão externa com a interna, experimentam-se os limites dos equipamentos e brinca-se com eles. Durante as atividades no ateliê, os espaços preparados contêm esse "transitar" multiforme, às vezes barulhento e divertido, carregado de maravilha para crianças e adultos.

Entrelaçamentos: cenografias realizadas por intermédio de *tablet*, de *webcam*, de monitor, de projeções em vídeo

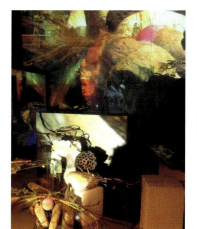

Paisagens digitais – Ateliê

O acervo de imagens

Nos computadores, encontra-se o acervo de imagens de um jardim (do Centro Internacional Loris Malaguzzi), que muda com a neblina, a neve, as flores e o sol... Uma coleção fotográfica deixada pelos viajantes do ateliê.

Os espaços da Mostra e do ateliê recolhem e incorporam as imagens ao longo do tempo, permitindo, nos vários contextos, entrelaçamentos de imagens *impossíveis*, como as perspectivas de um julho[2] que, de repente, torna-se frio e cheio de neve. São ambientes de imersão que invertem as conexões entre as coisas, desorientando o tempo cronológico e revelando, assim, novas conexões. Para encontrar tudo novamente intacto, é só abrir a janela.

Volta-se sempre à natureza, as medidas e as visões se recompõem, mas as explorações feitas dentro do ateliê deixam uma marca no imaginário.

Essas acelerações virtuais, irreais, talvez reacendam aquele olhar curioso e empático para os lugares que frequentemente habitamos com desenvolta distração.

O jardim do Centro Internacional Loris Malaguzzi: arquivos de fotografias tiradas ao passar das estações. Detalhes, perspectivas, vislumbres, pontos de vista, modos de observar e de descobrir um mundo cheio de possíveis surpresas

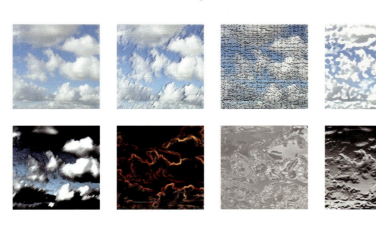

Um acervo gerador: o ateliê acolhe as imagens do acervo e as utiliza como são ou as transforma, para criar cenários oníricos, mágicos, fantásticos. Insere-as em contextos interiores e as reinterpreta. O percurso também pode ser feito ao contrário: do interior à área externa, reencontrando novamente tudo "intacto"

Imagens transformadas no computador

Da área externa à interna: da imagem fotografada na área externa à construção de um cenário de imersão, preparado no ateliê com elementos colhidos no jardim e materiais diversos

---

[2] N. da Rev. Téc.: no mês de julho, é verão na Itália, o que torna a neve real nesse período algo improvável.

Paisagens digitais – Ateliê

Mapear geografias

Após terem indagado um jardim conhecido, o da própria escola, algumas crianças visitaram e exploraram o do Centro Internacional Loris Malaguzzi. O grande mapa do jardim do Centro, apoiado sobre uma mesa, apresenta os percursos por meio de pequenas imagens em relevo que, como um quebra-cabeças, constroem o ponto de vista das crianças. Esse quebra-cabeças de imagens é uma proposta feita também aos visitantes, para se abrir a outras coleções, pensamentos, observações, percursos e passeios, que recompõem uma imagem multifacetada e multiforme do jardim.

A visita ao jardim do Centro Internacional, com uma coleta de pontos de vista por imagens, é como uma premissa, uma espécie de percurso de iniciação com que, muitas vezes, o ateliê se abre aos visitantes e permite mapear um lugar e identificar coordenadas de um novo imaginário.

As novas coordenadas *atravessam fronteiras* e, com base no mapa, saem para construir, *invadir* as cenografias, o espaço das projeções, as paredes, os objetos do ateliê digital, levando da área externa à interna as muitas facetas e "os segredos" guardados no jardim.

O jardim do Centro Internacional Loris Malaguzzi

Mapa do Centro Internacional e do jardim: em verde, as etapas do percurso de exploração de um grupo de crianças de 6 anos

As paradas e descobertas do percurso das crianças

Representação do percurso das crianças por meio de mapa e de imagens

Paisagens digitais – Ateliê

PLANTAS VASCULARES NATIVAS
RECONHECIDAS
NOME CIENTÍFICO, NOME ITALIANO,
NOMES DIALETAIS, FAMÍLIA

Acanthus mollis
Alopecurus rendlei
Amaranthus retroflexus
Ambrosia artemisiifolia
Artemisia vulgaris
Arum italicum Gigaro chiaro
Bellis perennis
Calepina irregularis Miagro rostellato
Capsella bursa-pastoris
Cardamine hirsuta Billeri primaticcio
Cerastium glomeratum
Chenopodiaceae
Chenopodium album
Cirsium vulgare
Convolvulus arvensis Villucchio comune
Crepis sancta
Cuscuta campestris Convolvulaceae
Cynodon dactylon
Diplotaxis tenuifolia
Equisetum telmateia
Erigeron annuus
Erigeron canadensis
Erodium cicutarium
Euphorbia helioscopia
Farinello comune
Fumaria officinalis
Galium aparine
Geranium dissectum
Geranium sp.
Hedera helix
Helminthotheca echioides
Hordeum murinum
Lactuca serriola
Lamium purpureum
Malva sylvestris
Medicago arabica
Medicago lupulina
Medicago polymorpha
Medicago sativa
Oxalis sp.
Plantago lanceolata
Poaceae
Potentilla reptans
Ranunculus ficaria
Ranunculus repens
Ranunculus velutinus
Rubus ulmifolius
Rumex crispus
Senecio vulgaris
Setaria viridis
Silybum marianum
Solanum nigrum
Sonchus oleraceus
Sorghum halepense
Stellaria media
Taraxacum officinale
Trifolium nigrum
Trifolium pratense
Trifolium repens
Urtica dioica
Veronica persica
Veronica polita

ÁRVORES IDENTIFICADAS
SETOR SUL
Cedrus atlantica
Cedro dell'atlante glauco
Quercus robur
Prunus cerasifera
SETOR OESTE
Prunus cerasifera var. Pissardii
SETOR LESTE
Acer negundo
Ulmus minor
Populus alba
Populus nigra italica
Juniperus sp.
Liriodendron tulipifera
Tilia sp.
Ailanthus altissima

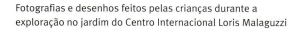

Fotografias e desenhos feitos pelas crianças durante a exploração no jardim do Centro Internacional Loris Malaguzzi

Catálogo das plantas nativas encontradas no jardim do Centro Internacional Loris Malaguzzi

Paisagens digitais – Ateliê

O microscópio e a natureza que cresce

Uma mesa – organizada com um microscópio, algumas sementes que crescem na terra e algumas imagens de pequenas sementes – torna-se um lugar de observação, de paciência, de escuta do fio de um discurso que a natureza já está tecendo silenciosamente, quase imperceptivelmente, enquanto o microscópio aproxima o olhar na galáxia das coisas. Observam-se algumas sementes virando planta, e a mente, lembrando-se da lagarta que vira borboleta, percebe que, naquela pequena caixa, já está gravado o desenho de uma grande aventura.
Pode-se imaginar a futura forma que uma semente terá, inventando o que ainda não é visível aos nossos olhos.

Em um álbum, está parcialmente catalogada a grande variedade de vegetação do jardim do Centro Internacional Loris Malaguzzi, para se observar a diversidade biológica que um jardim é capaz de *imaginar*, quantas formas é capaz de projetar, quantos contos de vida pode expressar, como pensa a convivência entre as diversidades e como cada presença produz estratégias para a sobrevivência da própria espécie.
Enganos, lutas familiares, ataques, cercos, trapaças... aventura real.

Mesa organizada com sementes, plantas e microscópio

Pesquisas sobre o "subterrâneo", meninas e meninos de 5 anos

Reprodução, difusão e multiplicação das bactérias, meninas e meninos de 5 anos

Paisagens digitais – Ateliê

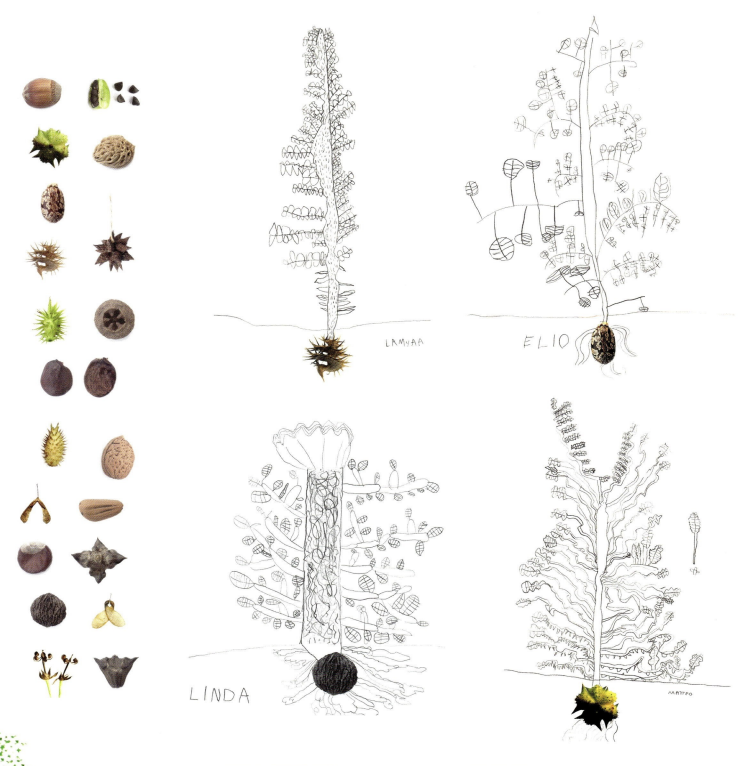

Evolução das sementes, meninas e meninos de 6 anos

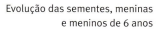
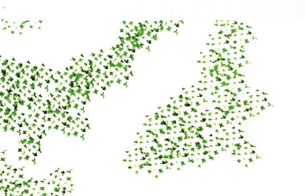

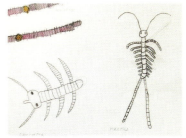

Paisagens digitais – Ateliê

O vídeo e o *stop motion*

Com a variedade dos equipamentos digitais e dos percursos de pesquisa, há a possibilidade de exploração da linguagem da animação, que oferece uma oportunidade de indagar elementos da realidade, como o tempo, o espaço, o movimento, o dinamismo.
A natureza se organiza e se reproduz, as estações se sucedem em um ciclo aparentemente igual e transformam a paisagem a cada segundo, ainda que de maneira imperceptível; cada coisa tem seu movimento pessoal vital de crescimento – para se reproduzir, crescer, transformar-se, relacionar-se com outros elementos, vivos ou não – que se concilia com o passar do tempo.

Mediante a linguagem do vídeo, é possível olhar para essa complexidade, registrando-a por meio de alguns quadros escolhidos entre bilhões de quadros possíveis.
A linguagem do vídeo nos presenteia com a possibilidade de gravar, de observar, de perseguir, de colher a realidade do que parece ser uma imagem "objetiva" e uma longa narrativa, mas também nos oferece a oportunidade de intervir em cada quadro que compõe essa narrativa, podendo manipular, decodificar, decompor e recompor o tempo, colocar *tempo dentro do tempo*, cavar nas dobras da vida de uma semente que cresce, desacelerar e, depois, acelerar, mudar a trajetória, voltar, inverter as passagens de tal transformação.
O vídeo constrói uma narrativa, faz acontecer, inventa uma realidade, uma super-realidade, uma irrealidade, uma ilusão. O vídeo pode tanto exagerar como minimizar. Como uma obra vital, a estrutura da narrativa se transforma continuamente, mistura novas imagens ou as relaciona com outras, clona-as e as reconstrói com percursos vitais diferentes.

O ateliê, com a linguagem da animação, pode impulsionar-se em direção a novos processos de antecipação, que ampliam as hipóteses relacionais ou inventam aquelas impossíveis, que nunca aconteceriam na natureza. Se for proposta com outras linguagens que acolhem a transformação, a mutação, a morfogênese – como a argila, o desenho, o corpo etc. –, o ateliê pode dar voz ao desejo potente das crianças de inventar o mundo ou de imergir a mente na *verdade das coisas*, de uma semente que cresce ou de um punhado de grama que se move com o vento: fazer mágica, ou refletir sobre a mágica da realidade.

Fotografias que simulam o crescimento e a queda das folhas.

Paisagens digitais – Ateliê

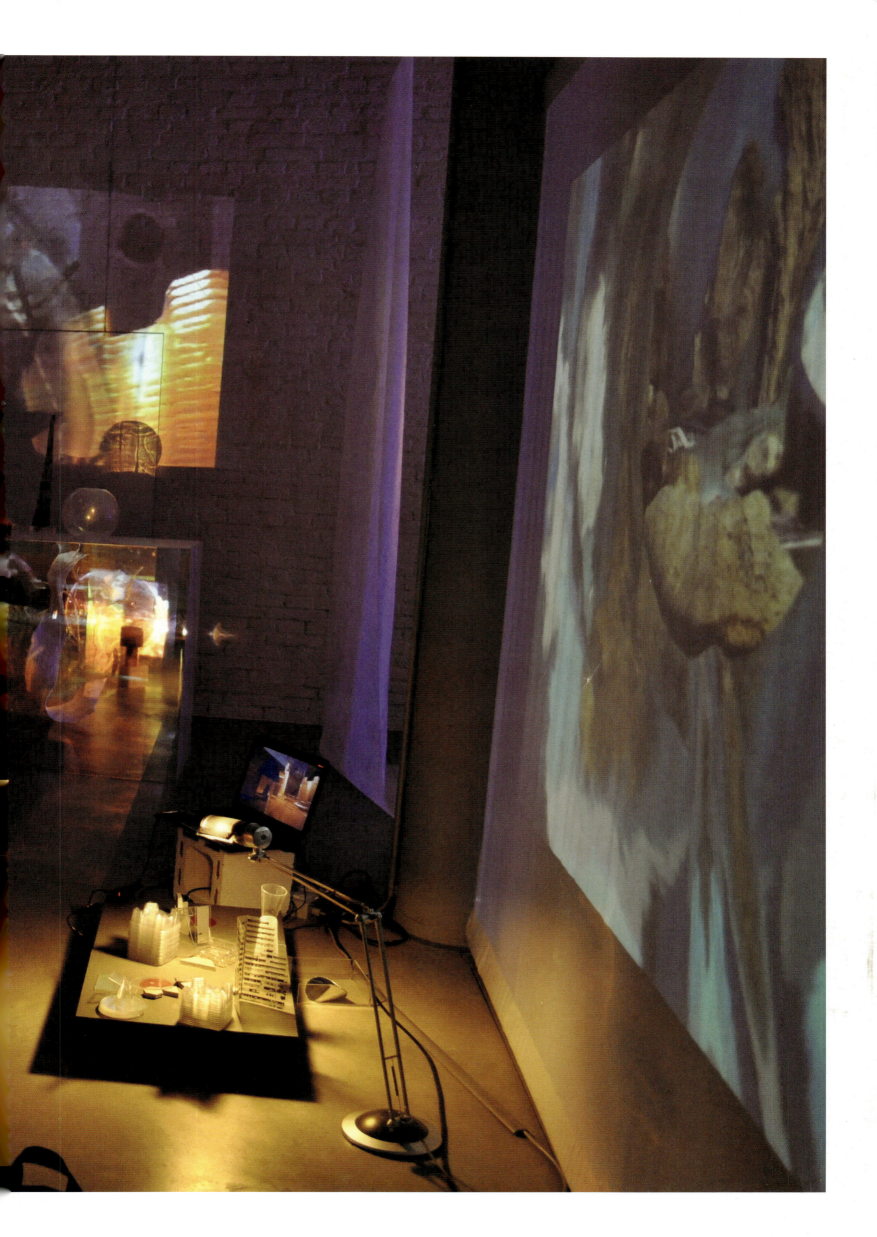

Sobre o Livro
Formato: 24 x 34 cm
Mancha: 20,2 x 29,4 cm
Papel: Couché 115g
nº páginas: 120
1ª edição: 2020

Equipe de Realização
Assistência editorial
Liris Tribuzzi

Edição de texto
Gerson Silva (Supervisão de revisão)
Roberta Heringer de Souza Villar (Preparação do original e copidesque)
Fernanda Fonseca (Revisão)

Editoração eletrônica
Évelin Kovaliauskas Custódia (Diagramação)

Impressão
Edelbra Gráfica